AF235982

Von Gipfelerlebnissen und mystischen Erfahrungen

Abraham H. Maslow (1908-1970) lehrte am Brooklyn College und dem »Western Behavioral Science Institute«, leitete das »Department of Psychology« an der »Brandeis University«. Von 1967 bis 1968 war er Präsident der »American Psychological Association«. Er war Fürsprecher der humanistischen »dritten Kraft« in der Psychologie und verfasste viele Fachbücher und Fachartikel.

VERBUNDEN TROTZ ABSTAND

*Von Gipfelerlebnissen
und mystischen Erfahrungen*

Beiträge von
Abraham H. Maslow
und
David Steindl-Rast

Herausgegeben von
Erhard Doubrawa

*Gestalt
Institute
Köln & Kassel*
Dialogische Gestalttherapie

gikPRESS

INHALT

»Die Idee, dass Bücher ›auf den aktuellen Stand‹ gebracht werden müssen, ist eigenartig. [...] Ideen sind kaum Maschinen, die zwangsläufig überholt werden müssen. Ideen, welche Kernfragen der Seele widerspiegeln, leiden ebenso wenig an Überalterung wie die Seele selbst.«

James Hillman[1]

1 James Hillman, *Die Suche nach Innen: Psychologie und Religion* (1967), Einsiedeln ⁵2016.

VORWORT

Dieses kleine Buch birgt eine Menge an Trost und Ermutigung – gerade in diesen außergewöhnlichen Zeiten von Corona. Wo schmerzhafter und leidvoller »sozialer Abstand« dazu beitragen soll, den Verlauf der Pandemie abzuschwächen, erinnert es uns daran, dass wir allesamt viel tiefer miteinander verbunden sind, als wir es oft annehmen.

Jede*r kennt und teilt eine besondere Art von Erfahrungen, die der amerikanische humanistische Psychologe Abraham H. Maslow als »mystische Erfahrungen« bzw. später als »Peak Experiences« (»Gipfelerlebnisse«) erforscht und beschrieben hat: Momente tiefer Verbundenheit, Momente von unbedingter Zugehörigkeit, Momente der Aufhebung allen Getrenntseins, Momente des Einsseins mit der Welt, Momente tiefsten Glücks.

Dieses kleine Buch birgt eine Menge an Trost und Ermutigung – nicht nur in diesen außergewöhnlichen Zeiten von Corona. Auch dort, wo wir Zugehörigkeit durch hohe Anpassungsleistungen an gesellschaftliche Forderungen meinen mühsam erwerben zu müssen, erinnert es uns daran, das wir eigentlich schon immer ein Teil des Ganzen waren und sind. Immer schon verbunden und zugehörig.

Bereits in den 1950er Jahren war Maslow diesen Erfahrungen bei der Erforschung von seelisch gesunden Menschen auf die Spur gekommen. Begeistert davon, forschte er weiter und entdeckte, dass Gipfelerlebnisse praktisch allen gemein sind, auch seelisch »kranken« Menschen. Im ersten Teil dieses Buches veröffentlichen wir seinen enthusiastischen Vortrag, in dem er Anfang der 1960er Jahre zum ersten Mal öffentlich davon berichtete.

Im zweiten Teil dieses Buches dokumentieren wir einen weiteren Vortrag, nämlich den Beitrag, mit dem der Benediktinermönch und Psychologe David Steindl-Rast Anfang der 1980er Jahre Maslows bahnbrechenden Entdeckungen zum ersten Mal im deutschsprachigen Raum bekannt gemacht hat. Einfühlsam und anschaulich stellt er diese gerade anhand des obigen Maslow-Vortrags vor. Und weiter spricht er darin über ihre Implikationen für die Erfrischung und Belebung des Religiösen in den Religionen.

Wie beglückend, tragend und verbindend die Erinnerung an unsere persönlichen Gipfelerlebnisse und das gemeinsame Gespräch darüber sein kann, konnten wir nachdrücklich auf einer von mir veranstalteten Online-Tagung im September 2020 erleben. Der Tagungstitel hat dem

Buchtitel Pate gestanden: Verbunden trotz Abstand – Dialogische Gestalttherapie in den Zeiten von Corona.[1]

Ganz herzlich danken möchte ich an dieser Stelle Bruder David Steindl-Rast für seine spontane Zusage zu der Wiederveröffentlichung seines Vortrags, dem Herausgeber Rainer Kakuska für seine freundliche Genehmigung und Klaudia Menzi-Steinberger von der »Bibliothek David Steindl-Rast«[2] für ihre Unterstützung.

Ihnen, liebe Leserinnen und Leser, wünsche ich eine berührende und bereichernde Lektüre!

Schließlich: Wenn Sie mir Ihre eigenen Gipfelerlebnisse mitteilen möchten, würde ich mich sehr darüber freuen. Weitere Informationen dazu finden Sie im Anhang dieses Buches.[3]

Erhard Doubrawa,
Gestalttherapeut
und Herausgeber der gikPRESS

---

1 www.verbunden-trotz-abstand.eu
2 www.bibliothek-david-steindl-rast.ch
3 siehe Seite 89

WAS GIPFELERLEBNISSE UNS LEHREN [1]
ABRAHAM H. MASLOW [2]
ÜBERSETZT VON KAROLA TEMBRINS

Worüber ich heute Abend sprechen werde, ist
eine Erkundung der Psychologie der Gesundheit
oder der besten Seite des Menschen. Ich berichte
von einem Weg, von einer Aufgabe, die noch
nicht vollbracht ist, eine Art Aufbruch ins Un-
bekannte, bei welchem ich mich wissenschaftlich
sehr verletzlich gemacht habe. Das sei eine War-
nung an jene unter Ihnen, die nach vollbrachten
Aufgaben Ausschau halten. Diese ist noch nicht
vollbracht.
Als ich die Psychologie der Gesundheit zu erfor-
schen begann, nahm ich die besten, gesündesten
Menschen, die besten Exemplare der Mensch-

---

1 Öffentlicher Vortrag am 30. 6. 1961 in der Sherwood Hall, La Jolla,
Kalifornien. Es handelt sich um die Transkription von gesprochenem,
nicht um einen durchkomponierten Text. Dies war bei der Übersetzung
zu berücksichtigen. – *Peak experience* wird im Deutschen meist mit
Gipfelerfahrung wiedergegeben, aber auch als *Grenzerfahrung*, *Gipfel-*
oder *Höhepunkterlebnis*. [AdÜ.] Deutsche Erstveröffentlichung in dem
inzwischen vergriffenen Buch: Abraham H. Maslow, *Jeder Mensch ist ein
Mystiker: Impulse für die seelische Ganzwerdung*, herausgegeben von Erhard Doubrawa, Wuppertal 2014. – Please note the disclamer, S. 94.
2 Brandeis University. Gastdozent am Western Behavioral Science Institute, La Jolla, Kalifornien (Mai 1961 bis Januar 1962).

heit, die ich finden konnte, und studierte sie, um zu sehen, was sie auszeichne. Sie waren sehr anders, in gewisser Weise verwirrend anders als der Durchschnitt. Der Biologe hatte Recht, der bekannt gab, er habe das fehlende Bindeglied zwischen Menschenaffen und zivilisierten Menschen gefunden. »Das sind wir!«[1]

Von diesen Menschen lernte ich viel. Aber eins ist jetzt vor allem unser Anliegen. Ich fand heraus, dass diese Menschen dazu tendierten, von mystischen Erfahrungen zu berichten, von Augenblicken großer Ehrfurcht, Augenblicken des intensivsten Glücks oder sogar der Verzückung, Ekstase oder Glückseligkeit (weil das Wort »Glück« zu schwach sein kann, um diese Erfah-

---

[1] Konrad Lorenz. – Es handelt sich offenbar um ein Zitat aus einer Wiener Vorlesung. Englisch überliefert sind die Formulierungen »I have found the missing link between the higher ape and civilized man: It is we.« Maslow: »... he found the missing link between the anthropoid apes and civilized man. ›It's us!‹« Und: »Man appears to be the missing link between anthropoid apes and human beings«, in dieser Form meist zitiert nach N. Y. Times Magazine vom 11. April 1965. Erste Erwähnung in »International Cooperation in Pure and Applied Science: Proceedings of the Seventh International Conference on Science and World Affairs«, 1961, S. 25. Deutsche Versionen: »Das längst gesuchte Bindeglied zwischen den Affen und dem wahrhaft humanen Menschen – sind wir!« »Das fehlende Glied zwischen Affen und Mensch sind wir selbst.« Und: »Der Übergang vom Affen zum Menschen sind wir!« Konrad Lorenz hat den Inhalt bestätigt in einem Spiegel-Interview (45/1988, S. 254): »Sicher, es ist beleidigend für das ›Ebenbild Gottes‹, daß er das langgesuchte Zwischenglied zwischen dem Affen und dem Menschen ist; das ist er wirklich. Er hört furchtbar gern, er sei das Zentrum der Welt und der Zweck des Ganzen. Lange genug sind ihm ja auch so schmeichelhafte Dinge gesagt worden.« [AdÜ.]

rung zu beschreiben). Diese Augenblicke waren das reine, das positive Glück. Alle Zweifel, alle Ängste, alle Hemmungen, alle Spannungen, alle Schwächen wurden zurückgelassen. Sogar das Bewusstsein ihrer selbst verlor sich. Alle Getrenntheit und Entfernung von der Welt schwanden. Sie wurden eins mit der Welt, verschwammen mit ihr, gehörten ihr wirklich zu und an, statt außen vor zu bleiben und nur hineinzuschauen. (Eine Versuchsperson sagte zum Beispiel: »Ich fühlte mich wie das Mitglied einer Familie, nicht wie ein Waisenkind.«)

Vielleicht das wichtigste in diesen Erfahrungen war vor allem aber der Bericht über das Gefühl, dass sie wirklich die ultimative Wahrheit, das Wesen der Dinge, das Geheimnis des Lebens gesehen hätten, als wäre ein Schleier beiseite gezogen worden. Alan Watts hat dieses Gefühl als »Das ist es!« beschrieben,[1] als sei man endlich dort angekommen, als ob das gewöhnliche Leben angestrengt irgendwohin strebe und dies war die Ankunft, das »Being There«, das Ende der Anstrengung und des Strebens, die Erfüllung des Begehrens und der Hoffnung, die Antwort auf die Sehnsucht und das Seufzen. Jeder weiß, wie es sich anfühlt, etwas zu wollen und nicht zu wis-

---

[1] Alan Watts (1915-1973), ein englisch-amerikanischer Religionsphilosoph. Er befasste sich vor allem mit der Philosophie des Zen, des Buddhismus und des Taoismus. »This Is It« ist Titel einer Essaysammlung (1960) »on Zen and Spiritual Experience«. [AdÜ.]

sen, was es ist. Diese mystischen Erfahrungen fühlen sich an wie die ultimative Antwort auf die vagen, unbefriedigten Seufzer. Sie sind wie ein plötzliches Stolpern in den Himmel; wie das Wunder, das geschehen ist, wie die schließlich erlangte Vollkommenheit.[1]

Dabei hatte ich hier schon etwas Neues gelernt. Das Wenige, was ich jemals über mystische Erfahrungen gelesen hatte, band sie an Religion mit ihren übernatürlichen Visionen. Und wie die meisten Wissenschaftler hatte ich sie ungläubig abgetan und hielt sie für Unsinn, möglicherweise für Halluzinationen, möglicherweise für Hysterie, fast immer für pathologisch.

Aber die Leute, die mir mündlich oder schriftlich von diesen Erfahrungen berichteten, waren nicht solche Menschen, sie waren die gesündesten Menschen! Da hatte ich etwas gelernt! Und ich darf hinzufügen, dass ich etwas erfuhr über die Grenzen des kleinen (nicht des großen) orthodoxen Wissenschaftlers, der Informationen nicht als Wissen oder als Realität anerkennt, die nicht in die bereits vorhandene Wissensstruktur

---

[1] »If a man could pass through paradise in a dream, and have a flower presented to him as a pledge that his soul had really been there, and if he found that flower in his hand when he awoke, ay, what then!« [Samuel Taylor] Coleridge. [Aus: *Anima Poetae* from the Unpublished Note-Books of Samuel Taylor Coleridge (posthum 1895, S. 282). Dt. etwa: ›Wenn man das Paradies im Traume queren könnte und hätte eine Blume als Geschenk, das bewiese, die Seele wäre dort gewesen, und wenn sich beim Erwachen befände jene Blume in der Hand, ach, was dann!‹ Zusatz d. Ü.]

passen. (»Ich bin der Direktor dieses Colleges; was ich nicht weiß, ist kein Wissen.«)

Diese Erfahrungen hatten meist nichts mit Religion zu tun, zumindest nicht im normalen übernatürlichen Sinne. Sie entstammten den großen Augenblicken von Liebe und Sex, den großen ästhetischen Augenblicken (insbesondere Musik), den Ausbrüchen von Kreativität und kreativem Furor (der großen Inspiration), den großen Augenblicken der Einsicht und der Entdeckung, bei Frauen dem Erleben einer natürlichen Geburt – oder der bloßen Liebe zu den Kindern, den Augenblicken der Verschmelzung mit der Natur (im Wald, an einer Küste, auf den Bergen, etc.), gewissen sportlichen Erfahrungen wie Schnorcheln, Tanzen, etc.

Die zweite große Lektion, die ich gelernt habe, lautete, dass dies eine natürliche, keine übernatürliche Erfahrung war, und ich gab die Bezeichnung »mystische Erfahrungen« auf und nannte sie »Gipfelerlebnisse«. Sie können wissenschaftlich untersucht werden. (Ich habe begonnen, dies zu tun.) Sie befinden sich innerhalb der Reichweite des menschlichen Wissens, sind keine ewigen Geheimnisse. Sie befinden sich in der Welt, nicht außerhalb der Welt. Nicht bloß Priester machen sie, sondern die ganze Menschheit. Sie stellen nicht länger Gegenstände des Glaubens dar, sondern öffnen sich der menschlichen Erforschung und des menschlichen Wissens. Man beachte, in welcher Weise die Worte »Offenbarung«, »Himmel«, »Erlösung«, etc. einen auch natürlichen Sinn haben. Die Geschichte der Wissenschaften erzählt, dass die Wissenschaften den Geltungsbereich der Religion Stück für Stück an sich gerissen haben. Jetzt scheint das wieder zu geschehen. Oder, um das alles anders auszudrücken: Gipfelerlebnisse können als wahrhaft religiöse Erfahrungen im besten und tiefsten, universellsten und humanistischsten Sinne des Wortes gelten. Es kann sich herausstellen, dass die wichtigste Konsequenz aus dieser Arbeit darin besteht, die Religion in den Geltungsbereich der Wissenschaft eindringen zu lassen.

Die nächste große Lektion, die ich gelernt habe, war, dass Gipfelerlebnisse weitaus häufiger vorkommen, als ich jemals erwartet hatte: Sie waren nicht auf gesunde Menschen beschränkt. Diese Gipfelerlebnisse hatten auch durchschnittliche und sogar psychisch kranke Menschen. In der Tat vermute ich jetzt, dass sie bei praktisch allen auftreten, allerdings unerkannt oder nicht als das genommen, was sie sind.

Denken Sie für einen Augenblick daran, wie verrückt diese Erkenntnis in ihren Auswirkungen ist. Ich habe lange gebraucht, sie zu realisieren. Praktisch jeder berichtet von Gipfelerlebnissen, wenn auf sie angesprochen und befragt und in der richtigen Weise ermutigt wird. Ich habe auch gelernt, dass es reicht, darüber zu reden, wie ich es jetzt tue, um aus den Tiefen geheime Erinnerungen an Gipfel zu lösen, die man niemandem je zuvor enthüllte, vielleicht nicht einmal sich selbst gegenüber. Warum sind wir so schüchtern angesichts ihrer? Wenn uns etwas Wunderbares widerfährt, warum verschweigen wir es? Jemand wies einmal darauf hin: »Einige Leute haben Angst zu sterben, aber andere haben Angst zu leben.«[1] Vielleicht ist es das.

Es gibt erhebliche Überschneidungen zwischen den Eigenschaften des Gipfelerlebnisses und den Eigenschaften der psychischen Gesundheit (stärker integriert, lebendiger, individueller, weniger gehemmt, weniger ängstlich, etc.), so bin ich versucht, das Gipfelerlebnis als eine punktuelle Episode des Übergangs zur Selbstverwirklichung oder zur Gesundheit zu bezeichnen. Wenn diese Vermutung sich als richtig erweist, läuft sie darauf hinaus, dass fast alle, auch die kränkesten Menschen, psychisch zeitweise gesund sein können.

Eine weitere Lektion, derer ich mir mittlerweile sehr sicher bin: Gipfelerlebnisse sprudeln aus vielen, vielen Quellen und jede Art Mensch kann sie haben. Meine Liste von Quellen wird immer länger, je mehr ich mich mit diesen Forschungen

---

1 »It's lethargy that is the cause of so much evilness – some are scared to die, and some are scared to live.« Rev. William Sloane Coffin Jr., Seelsorger an der Yale University. (Fundstelle: *Jet*, Jg. XX, Nr. 24, 5. Oktober 1961, S. 30.) [AdÜ.]

beschäftige. Manchmal bin ich versucht zu denken, dass fast jede Situation, in der Vollkommenheit winkt, oder eine Hoffnung sich erfüllt, oder in der vollkommene Befriedigung erreicht wird, oder wenn alles glatt gegangen ist, bei manchen Menschen manchmal ein Gipfelerlebnis hervorrufen kann. Das kann in einem bescheidenen Bereich des Lebens oder der Alltagswelt stattfinden, die Situation kann sich tausendmal zuvor wiederholt haben, ohne dass es zu einem Gipfelerlebnis gekommen ist.

»Wenn Ihr Alltag Ihnen arm scheint«, schrieb Rilke in seinen Briefen an einen jungen Dichter, »klagen Sie ihn nicht an; klagen Sie sich an, sagen Sie sich, daß Sie nicht Dichter genug sind, seine Reichtümer zu rufen; denn für den Schaffenden gibt es keine Armut und keinen armen, gleichgültigen Ort.«[1]

Zum Beispiel: Eine junge Mutter hastete in ihrer Küche herum, um das Frühstück für ihren Mann und ihre Kinder zu bereiten. Die Sonne fiel durchs Fenster, die Kinder waren sauber und schön gekleidet, schnatterten beim Essen. Der

---

[1] Rainer Maria Rilke, *Briefe an einen jungen Dichter* (1903-1908), Frankfurt/M. 1929, S. 9. Der anschließende Satz: »Und wenn Sie selbst in einem Gefängnis wären, dessen Wände keines von den Geräuschen der Welt zu Ihren Sinnen kommen ließen – hätten Sie dann nicht immer noch Ihre Kindheit, diesen köstlichen, königlichen Reichtum, dieses Schatzhaus der Erinnerungen? Wenden Sie dorthin Ihre Aufmerksamkeit. Versuchen Sie, die versunkenen Sensationen dieser weiten Vergangenheit zu heben.« [AdÜ.]

Mann spielte entspannt mit ihnen. Plötzlich übermannte sie die Schönheit und ihre große Liebe für sie, durchflutete sie ein Gefühl von Glück, dass es zu einem Gipfelerlebnis kam. (Das erinnert mich an mein Erstaunen über solche Berichte von Frauen. Das Erstaunen belehrte mich, wie sehr wir all dies vermännlicht hatten.)

Ein junger Mann, der sich sein Medizinstudium als Drummer in einer Jazz-Band verdiente, berichtete Jahre später, dass er während all seinem Trommeln drei Gipfel hatte, als er sich plötzlich als ein großer Schlagzeuger fühlte und seine Darbietung für perfekt hielt. – Nach einer Dinner-Party, die ideal gelaufen war, verabschiedete eine Gastgeberin ihren letzten Gast dieses schönen Abends, setzte sich in einen Stuhl, schaute auf das ganze Durcheinander und kam zum Gipfel vor großem Glück und Heiterkeit.

Zu milderen Gipfeln kam es, als ein Mann nach einem guten Abendessen mit engen Freunden eine Zigarre rauchte, oder nachdem eine Frau ihre Küche wirklich gründlich geputzt hatte und alles leuchtete und funkelte und perfekt aussah.

Derart wird es klar, dass viele Wege zu solchen Erfahrungen des Hingerissenseins führen. Sie sind nicht unbedingt abgedreht, okkult, obskur oder esoterisch. Sie benötigen nicht unbedingt eine jahrelange Ausbildung oder ein Studium. Sie beschränken sich nicht auf randständige Menschen, d. h. Mönche, Heilige oder Yogis, Zen-

Buddhisten, Orientalen oder Menschen in einem besonderen Stand der Gnade. Gipfelerlebnisse sind nicht etwas, das im Fernen Osten vorkommt, an besonderen Orten oder einem speziell geschulten oder auserwählten Volk. Es findet statt in der Mitte des Lebens, widerfährt alltäglichen Menschen in alltäglichen Berufen. Dies ist eine klare Bestätigung für die Autoren, die über Zen und dessen Konzept des »nichts Besonderes« schreiben.[1]

Nun noch eine weitere Verallgemeinerung, der ich mir inzwischen ziemlich sicher bin. Egal, was die Quelle der Gipfelerlebnisse ist, scheint allen Gipfelerlebnissen etwas gemeinsam zu sein, neigen sie dazu, sich zu ähneln. Ich kann nicht sagen, dass sie identisch miteinander sind – das sind sie nicht. Aber sie sind viel näher daran, identisch zu sein, als ich mir jemals habe träumen lassen. Es war erstaunlich für mich zu hören, wie eine Mutter ihre ekstatischen Gefühle während der Geburt ihres Kindes beschreibt und dabei zum Teil die gleichen Worte und Sätze verwendet, die ich in den Schriften der heiligen Theresa von Avila[2] oder

---

[1] »nothing special«: »There is no place in Buddhism for using effort. Just be ordinary and nothing special.« Linji Yixuan, zit. n. Alan Watts, *The Way of Zen* (1957), New York 1985, S. 117. (»Im Buddhismus gibt es keinen Platz für angestrengtes Tun. Sei ganz alltäglich und nichts besonderes.«) [AdÜ.]

[2] Teresa von Avila (1515-1582). »Denke daran, dass Gott zwischen den Töpfen und Pfannen da ist und dass er dir in inneren und äußeren Aufgaben zur Seite steht.« – »Hätte ich früher erkannt, dass der winzige Palast meiner Seele einen so großen König beherbergt, dann hätte ich

Meister Eckhardt[1] gelesen hatte, oder in japanischen oder hinduistischen Beschreibungen der Erfahrungen von »satori«[2] oder »samadhi«.[3] (Aldous Huxley macht den gleichen Punkt in »Die ewige Philosophie«.)[4]
Ich habe das alles noch nicht vollständig erforscht, denn bisher handelt es sich nur erst um ein vorläufiges Pilotprojekt, aber ich bin mir sicher, dass sich alle Gipfelerlebnisse bis zu einem gewissen Grad verallgemeinern lassen. Die Stimuli sind sehr unterschiedlich, die subjektive Erfahrung ist tendenziell ähnlich. Oder um es anders auszudrücken: Unser Hochgefühl gleicht sich, wir beziehen es nur aus unterschiedlichen Quellen, bei weniger starken Leuten vielleicht gar

ihn nicht so häufig allein gelassen.« – »Schwer täuschen sich jene, die meinen, die Vereinigung mit Gott bestehe in Ekstasen, Verzückungen und geistlichen Tröstungen. Sie besteht allein in der Übergabe unseres Willens an Gott, vorausgesetzt, dass diese Übergabe vollkommen ist.«
1 Meister Eckhart (1260-1328). »Die Liebe beginnt da, wo das Denken aufhört. Wir brauchen aber die Liebe von Gott nicht zu erbitten, sondern wir müssen uns für sie nur bereit halten.« – »Wenn du also dazu kommst, dass du um nichts mehr Leid noch Kummer trägst und dass dir alles eine reine Freude ist, dann ist das Kind in Wahrheit geboren.« – »Wer in allen Räumen zu Hause ist, der ist Gottes würdig, und wer in allen Zeiten eins bleibt, dem ist Gott gegenwärtig, und in wem alle Kreaturen zum Schweigen gekommen sind, in dem gebiert Gott seinen eingeborenen Sohn.« [AdÜ.]
2 Japanisch: »Verstehen«, bezeichnet das Erlebnis der Erleuchtung im Zen. [AdÜ.]
3 Sanskrit: »Versenkung«, »Sammlung«; Bewusstseinszustand des völligen Aufgehens in dem Objekt, über das meditiert wurde. [AdÜ.]
4 Aldous Huxely, *Die ewige Philosophie* (1946), Emmendingen 2008. Originaltitel: *The Perennial Philosophy*. [AdÜ.]

aus »Rock and Roll«, Drogen und Alkohol. Ich bin mir dessen umso sicherer, nachdem ich Literatur über die mystischen Erfahrungen, das kosmische Bewusstsein, ozeanische Erfahrungen, ästhetische Erfahrungen, kreative Erfahrungen, Liebeserfahrungen, elterliche Erfahrungen, sexuelle Erfahrungen und Erfahrungen der Erkenntnis konsultiert habe. Sie alle überschneiden sich, nähern sich der Ähnlichkeit und sogar der Identität an.

Ein Hauptvorteil, den ich aus dieser Entdeckung gezogen habe und den wir möglicherweise alle aus ihr ziehen können, ist, dass sie uns hilft, einander besser zu verstehen. Wenn ein Mathematiker und ein Dichter ähnliche Worte verwenden, um ihre Gipfelerlebnisse aufgrund eines gelungenen Gedichts und eines erfolgreichen mathematischen Beweises zu beschreiben, sind sie sich subjektiv ähnlicher, als wir gedacht haben. Ich kann solche Parallelen ziehen zwischen einem Highschool-Athleten, der einen Touchdown erläuft,[1] einem Business-Mann, der seine Gefühle über Pläne für eine perfekte Fabrik zur Herstellung von konservierten Feigen beschreibt, und einem Musikstudenten, dem es gelingt, beim Adagio in Beethovens Neunter Symphonie mitzuhalten. Ich habe das Gefühl, Männer können mehr über das innere Leben der Frauen lernen

---

[1] »Touchdown« bezeichnet im »American Football« einen Gewinn von sechs Punkten, indem der Ball in die gegnerische Endzone getragen oder dort gefangen wird. [AdÜ.]

(und umgekehrt), wenn sie lernen, was bei ihnen höchste Befriedigung und das Gefühl der Kreativität auslöst. Zum Beispiel berichten College-Mädchen signifikant häufiger als College-Jungs, dass sie ihre Höhepunkte daraus ziehen, geliebt zu werden. Die Jungs gewinnen signifikant häufiger ihre glücklichsten Augenblicke über Erfolg, Eroberung und Leistung. Dieser Befund entspricht sowohl dem gesunden Menschenverstand als auch der klinischen Erfahrung.

Wenn sich unsere inneren Erfahrungen von Glück sehr ähneln, unabhängig davon, was sie auslöst und wie unterschiedlich die Menschen sind, denen diese Erfahrungen widerfahren (das heißt, wenn wir uns innerlich ähnlicher sind als äußerlich), dann kann dies uns einen Weg weisen, mehr Sympathie und Verständnis für Menschen aufzubringen, die sehr verschieden von uns sind: Sportler und Intellektuelle, Frauen und Männer, Erwachsene und Kinder, etc. Ein Künstler und eine Hausfrau sind nicht 1000 Meilen auseinander. In manchen Augenblicken sprechen sie eine gemeinsame Sprache, haben gemeinsame Erfahrungen und leben in derselben Welt.

Kann man diese Erfahrungen willentlich herbeiführen? Nein! Oder nahezu völlig nein! Im Allgemeinen werden wir von Freude überrascht,[1] um

---

[1] *Surprised by Joy: The Shape of My Early Life* (1955), C. S. Lewis' autobiografischer Bericht über seine Konversion zum Christentum 24 Jahre zuvor. Dt. *Überrascht von Freude: Biographie der frühen Jahre*, Wup-

den Buchtitel von C. S. Lewis auf diese Frage an-
zuwenden. Gipfel kommen unerwartet, plötzlich
sind sie uns unterlaufen. Man kann nicht auf sie
zählen. Und nach ihnen zu jagen, ist ein wenig
wie die Jagd nach Glück. Am besten macht man
das nicht auf direktem Wege. Es stellt sich
nebenbei ein, als Epiphänomen, wenn einem etwas Wertvolles prima gelingt, mit dem man sich
identifizieren kann.

Selbstredend können wir aufgrund unserer ver-
gangenen Erfahrungen machen, dass ein Gipfelerlebnis mehr oder weniger wahrscheinlich eintritt. Einige glückliche Menschen haben fast immer ein Gipfelerlebnis beim Sex. Einige können
auf gewisse Musikstücke oder Lieblingsaktivitä-
ten wie etwa Tanzen oder Schnorcheln zählen.
Aber nichts davon wird garantiert immer ein
Gipfelerlebnis bringen. Die günstigste Geistes-
verfassung, um sie zu »empfangen«, ist fast eine
Art Passivität, ein Vertrauen oder eine »Kapitu-
lation«, eine taoistische[1] Haltung des Gewähren-
lassens ohne Störung oder Eingriff. Man muss in
der Lage sein, Stolz, Wille, Macht, Steuerung,

pertal 1968. Der Titel zitiert die Eingangszeile eines Gedichts von William Wordsworth »Surprised by joy – Impatient as the Wind«, das
einen Augenblick beschreibt, in welchem Wordsworth den Tod seiner
Tochter vergaß. [AdÜ.]
1 Taoismus (in neuer Schreibweise: Daoismus) ist die chinesische Religion, in der das »wu wei«, das »Tun durch Nichttun« eine wichtige
Rolle spielt. Aus der Verbindung von Taoismus und Buddhismus ist
der Zen-Buddhismus entstanden. [AdÜ.]

Kontrolle[1] aufzugeben. Man muss in der Lage sein zu entspannen und es passieren zu lassen. Ich denke, das wird Ihr genauso wie mein Interesse am Taoismus und an seinen Lehren verstärken. Gleiches gilt für Zen. (Im Großen und Ganzen kann ich sagen, dass meine Ergebnisse den Philosophien des Zen und des Tao besser entsprechen als jeder anderen religiösen Mystik.)

Ich bin mir heute sehr sicher, dass die Unaussprechbarkeit solcher Erfahrungen übertrieben wurde. Es ist möglich, über sie zu sprechen, sie zu beschreiben und zu kommunizieren. Ich mache das jetzt die ganze Zeit, nachdem ich gelernt habe, wie das geht. »Unaussprechlich« bedeutet in Wirklichkeit »nicht kommunikabel durch eine rationale, logische, abstrakte, wörtliche, analytische, gegenständliche Sprache«. Die Gipfelerlebnisse lassen sich ziemlich gut beschreiben und kommunizieren, wenn (1) beide solche Erfahrungen selbst gemacht haben und wenn man (2) in der Lage ist, sich poetisch oder rhapsodisch[2] auszudrücken, sich erlaubt, »archaisch« im Sinne C. G. Jungs zu sein,[3] metaphorisch auf der Grund-

---

1 »being in charge« könnte provozierender auch mit »Verantwortung« wiedergegeben werden. [AdÜ.]
2 Rhapsodisch (Rhapsodie = der Form nach freies Musikstück): Lose miteinander verbunden, bruchstückhaft, nicht unbedingt aufeinander aufbauend oder Bezug nehmend. [AdÜ.]
3 Carl Gustav Jung (1875-1961). Im Unbewussten, in Träumen und in den Märchen spiegeln sich ihm zufolge kollektive Archetypen, symbolische Ausdrücke eines archaisch-animalischen Zustandes. [AdÜ.]

lage primärer Prozesse zu »denkfühlen«[1] – oder
was Heinz Werner die »physiognomische Sprache« genannt hat.[2] – Es ist wahr, die Psyche ist
allein, eingekapselt – abgeschnitten von allen anderen – und für zwei solche isolierten Psychen
über die große Kluft zwischen ihnen hinweg sich
zu verständigen, erscheint wie ein Wunder. Nun,
das Wunder passiert.

Wie steht das Gipfelerlebnis in Beziehung mit
demjenigen, der es erlebt?, lautet meine nächste
Frage. Es scheint mir bereits festzustehen, dass
irgendeine Art von dynamischem Isomorphis-
mus im Gange ist, eine Art gegenseitiger und
paralleler Rückkoppelung oder ein Nachhall zwischen den Eigenschaften des Wahrnehmenden
und der wahrgenommenen Welt, so dass sie dazu
neigen, sich gegenseitig zu beeinflussen.

Um es ganz kurz zu machen, hat der Wahrneh-
mende sich der Wahrnehmung würdig zu zeigen.
Oder besser gesagt, sie müssen einander wie gut
oder schlecht verheiratete Ehepaare verdienen.
Güte kann eigentlich nur von einem gütigen
Mensch wahrgenommen werden. Eine psycho-

---

1 »think-feel«. [AdÜ.]
2 Die Wortverbindungen »physiognomical language« bzw. »physiognomische Sprache« sind äußerst selten. Dass Heinz Werner (1890-
1964) sie englisch oder deutsch benutzt habe, ließ sich nicht nach-
weisen. Er hat allerdings tatsächlich in den 1920er Jahren die Physio-
gnomie (das Schließen von äußeren Merkmalen auf das Wesen eines
Menschen) im Analogieschluss auf die Wahrnehmung von Kunst-
werken angewendet (eine heute umstrittene Sichtweise). [AdÜ.]

pathische Persönlichkeit wird nie imstande sein, Güte, Gewissen, Moral oder Schuld zu verstehen, da sie selbst nichts davon hat. Aber die Person, die gut, wahrhaftig und schön ist, kann dies auch in der äußeren Welt wahrnehmen – oder: Je gefestigter und integrer wir sind, desto besser sind wir in der Lage, Integrität in der Welt wahrzunehmen.

Aber es gibt auch einen Effekt in der entgegengesetzten Richtung. Je integrer die Welt, je schöner oder auch je gerechter die Welt ist, um so stärker neigt sie dazu, den Wahrnehmenden integer, schön, gerecht etc. zu machen oder zu festigen. Ausschau nach den höchsten Werten in der Welt zu halten, zu denen wir aufschauen können, hilft, sie in uns hervorzubringen und zu stärken. So erwies ein Experiment, das wir an der Brandeis University durchgeführt haben, dass in einem schönen Raum die Gesichter der Menschen mehr Lebendigkeit, Achtsamkeit und Wohlbefinden ausdrücken als in einem hässlichen Raum. Oder um es anders auszudrücken: Gipfelerlebnisse haben tendenziell eher freundliche Leute, und je besser die Umweltbedingungen für jemanden, um so eher kommt es zu Gipfelerlebnissen.

Diese Thesen benötigen noch viele weitere Beispiele, um sie zu festigen. Ich beabsichtige, darüber in größerer Ausführlichkeit zu schreiben. Es ist ein sehr wichtiger Punkt.

In Gipfelerlebnissen finden das »Sein« und das »Sollen« zueinander, anstatt sich zu scheiden oder zu widersprechen. Die Wahrnehmung sagt, dass das, was ist, auch so sein sollte. Was ist, ist genau das Richtige. Dies wirft so viele schwierige Fragen auf, dass ich an dieser Stelle nicht zu viel Aufhebens darum machen möchte, außer den Hinweis, dass es das ist, was geschieht.

Schließlich ein Befund, der bestimmten mythischen Vorstellungen, besonders des Ostens widerspricht: Ich fand heraus, dass alle Gipfelerlebnisse vorübergehende Erfahrungen sind, nicht dauerhafte. Einige der Wirkungen oder Nachwirkungen mögen von Dauer sein, aber der Höhepunkt selbst ist es nicht.

PROBLEME UND FRAGEN

Gipfelerlebnisse erwiesen sich für manche Menschen als sehr therapeutisch; und bei anderen hat sich der ganze Blick aufs Leben nach einem großen Augenblick der Einsicht, Inspiration oder Bekehrung für immer verändert. Dies ist leicht zu verstehen: Als habe man einen Augenblick im Himmel verbracht und erinnere sich dann daran in den trüben Augenblicken des alltäglichen Lebens. Eine charakteristische Aussage dazu: »Ich weiß, dass das Leben schön und gut und dass das Leben lebenswert sein kann, und ich versuche, mich daran zu erinnern, wenn ich es in den düsteren Tagen brauche.« Eine Frau, der nach der natürlichen Geburt eines Kindes immer noch angesichts dieses Wunders der Atem wegbleibt, sagte zu ihrem Mann: »Dies ist nie zuvor geschehen!« Eine andere erinnert sich der gleichen Erfahrung: »Für einmal war ich eine Königin, die vollkommenste Königin der Erde.« Ein Mann erinnerte sich an seine Erfahrung der Ehrfurcht: In einer Nacht ohne Licht befand er sich während des Krieges in einem Konvoi. Er verschmolz mit der Weite des Universums und war nicht getrennt von dessen ganzen Schönheit. Ein anderer erinnerte sich an einen Ausbruch von Übermut, der in schiere verrückte, kindliche Freude mündete, als er wie ein Fisch im Wasser ganz allein schwamm, so dass er seine große Freude über sein perfektes physisches Dasein hinausschreien konnte. Und selbstredend wird oft berichtet, dass Sex unter den richtigen Umständen Wirkungen dieser Art zeitigt.

Es ist leicht zu verstehen, wie derart schöne Erfahrungen therapeutische Wirkungen entfalten, veredelnde und verschönernde Wirkungen auf den Charakter ausüben, auf die Lebenssicht, auf die Weltsicht, und darauf, wie der Ehemann, wie das Kind angeschaut wird. Schwer zu verstehen ist dagegen, warum es so oft nicht der Fall ist. Praktisch jeder kann dahin gebracht werden zu erkennen, dass er solche Erfahrungen gemacht hat. Warum sind die Menschen dann so ein armseliger Haufen, so voller Eifersucht, Angst und Feindseligkeit vor lauter Elend? Dies ist, was ich nicht verstehen kann.

Ein Hinweis kommt von einer laufenden Untersuchung, die einige aus unserem Team durchführen über solche Menschen, die Gipfelerlebnisse haben, und solche, die sie nicht haben, also solche, die ihre Gipfelerlebnisse leugnen oder unterdrücken oder die vor ihnen Angst haben. Wir vermuten, dass Gipfel nicht positiv wirken, wenn sie auf diese Weise abgewehrt werden.

Am Anfang dachten wir, einige Menschen hätten einfach keine Gipfel. Aber, wie ich oben sagte, fanden wir später heraus, viel wahrscheinlicher sei, dass die Menschen ohne Gipfelerlebnisse sie zwar haben, aber unterdrücken oder falsch interpretieren oder sie aus irgendeinem Grund ablehnen und daher nicht nutzen.

Einige der Gründe für diese Ablehnung, die wir bislang gefunden haben: (1) Eine strikte marxistische Haltung wie die von Simone de Beauvoir,[1] die überzeugt war, dass diese Gipfelerlebnisse eine Schwäche, eine Krankheit seien (ebenso Arthur Koestler).[2] Ein Marxist sollte »hart« sein.

---

1 Simone de Beauvoir (1908-1986). »The ideal of happiness has always taken material form in the house, whether cottage or castle. It stands for permanence and separation from the world.« Simone de Beauvoir, *The Second Sex* (1953), New York 1989, S. 501. Dt. etwa: »Das Ideal des Glücks hat sich stets im Haus materialisiert, ob nun Hütte oder Schloss. Es steht für die Trennung von der Welt.« [AdÜ.]
2 Arthur Koestler (1905-1983) wandte sich bereits 1937 vom Kom-

Die Gründe dafür, warum Freud seine Gipfelerlebnisse ablehnte, kann man nur vermuten:
Vielleicht (2) seine mechanistisch-wissenschaft-
liche Haltung des 19. Jahrhunderts, vielleicht
(3) sein pessimistischer Charakter. In meinen
verschiedenen Untersuchungen habe ich manchmal angetroffen, dass beide Ursachen wirken.
Bei anderen habe ich (4) eine enge rationalis-
tische Haltung entdeckt, die ich ansehe als eine
Verteidigung gegen die Überschwemmung durch
Emotionen, durch Irrationalität, durch den Ver-
lust der Kontrolle, durch unlogische Zartheit,

munismus (Marxismus) ab. Dass er Vorbehalte gegen die Fixierung
aufs »Glück« hatte, ist zwar atmosphärisch greifbar; einen hier passen-
den knappen Satz habe ich nicht gefunden. Am ehesten vielleicht diesen: »I think most historians will agree that the part played by im-
pulses of selfish, individual aggression in the holocausts of history was
small; first and foremost, the slaughter was meant as an offering to the
gods, to king and country, or the future happiness of mankind. The
crimes of Caligula shrink to insignificance compared to the havoc
wrought by Torquemada. The number of victims of robbers, highway-
men, rapists, gangsters and other criminals at any period of history is
negligible compared to the massive numbers of those cheerfully slain
in the name of the true religion, just policy, or correct ideology.« Arthur Koestler, *The Ghost in the Machine* (1967), New York 1968, S. 234.
Dt. etwa: »Ich glaube, die meisten Historiker werden zustimmen, dass
Impulse eigensüchtiger, individueller Aggression in den Holocausts
der Geschichte eine nur untergeordnete Rolle spielten; zuerst und
meist war die Schlächterei gedacht als ein Opfer an die Götter, an
Krone und Land oder an das zukünftige Glück der Menschheit. Die
Verbrechen von Caligula schrumpfen zur Bedeutungslosigkeit angesichts des Wütens von Torquemada. Die Zahl der Opfer von Räubern,
Wegelagerern, Vergewaltigern, Gangstern und anderen Verbrechern
kann zu jeder Zeit vernachlässigt werden gegenüber den Massen, die
mit Hurra im Namen der wahren Religion, der gerechten Politik oder
der korrekten Ideologie niedergemetzelt wurden.« [AdÜ.]

durch gefährliche Weiblichkeit oder durch die Angst vor dem Wahnsinn. Man trifft solche Haltungen öfters an bei Ingenieuren, bei Mathematikern, bei analytischen Philosophen, bei Buchhaltern und Wirtschaftsprüfern, sowie ganz allgemein bei obsessiven Menschen.

Die Auswirkungen, Gipfelerlebnisse zurückzuweisen, müssen zahlreich sein. Wir versuchen, sie herauszufinden.

Eine Sache, die ich schon herausgefunden habe, ist, dass diese Erfahrungen eher zugegeben werden, wenn es eine Genehmigung durch eine Autoritätsperson gibt. Wenn ich zum Beispiel zu meinen Studenten oder vor anderen Gruppen von diesen Gipfeln offensichtlich zustimmend spreche, geschieht es immer, dass meinen Zuhörern viele Gipfelerlebnisse zu Bewusstsein kommen oder dass sie überhaupt zum ersten Mal »erinnert« werden – oder, wie ich es heute bevorzuge, auszudrücken, sie entstehen aus chaotischer, unorganisierter vorbewusster Erfahrung, der nun ein Name gegeben, der Aufmerksamkeit geschenkt wird, die sich als Figur aus einem Hintergrund schält. In einem Wort, die Menschen »realisieren« oder »verstehen« dann, was ihnen widerfahren ist. Viele von Ihnen, die jetzt zuhören, werden das bestätigen. Es ist wie eine Parallele zur Entstehung der sexuellen Gefühle in der Pubertät. Aber dieses Mal sagt Papa, dass alles in Ordnung sei.

Das letzte Thema hat mich noch etwas weiteres gelehrt, das hier relevant sein könnte, nämlich: Es ist möglich, ein Gipfelerlebnis (wie etwa die Frau bei der Geburt eines Kindes) zu haben, ohne dabei zu erkennen, dass es sich wie andere Gipfelerlebnisse anfühlt, aber diese sind dennoch alle gleich strukturiert. Vielleicht ist solches Nichterkennen der strukturellen Gleichheit der Gipfelerlebnisse ein Grund für fehlende therapeutische Nutzung von Gipfeln, ein Grund, warum sich ihre Wirkung manchmal nicht verallgemeinern lässt. Zum Beispiel hat die Frau schließlich begriffen, dass ihre Gefühle, als ihr Mann ihr einst das Gefühl gab, gebraucht zu werden und für ihn wichtig zu sein, ihren Gefühlen während der Geburt ähneln, ebenso ihrem Gefühl überströmender Mütterlichkeit und Liebe, als sie einem verwaisten Kind begegnete. Jetzt kann sie die Erfahrungen verallgemeinern und für das ganze Leben nutzen, nicht nur in einem isolierten Winkel.

Diese Arbeit wirft auch etwas Licht auf eine alte Fragestellung vieler religiöser Schriftsteller, besonders von denen, die über Bekehrung schrieben wie William James[1] oder Begbie,[2] ebenso wie viele

---

1 William James (1842-1910), amerikanischer Philosoph (Begründer des Pragmatismus). *Die Vielfalt religiöser Erfahrung* (1902), Frankfurt am Main 1997; die Kapitel 9 und 10 handeln von der Psychologie der Konversion.

2 Edward Harold Begbie (1871-1929), englischer Schriftsteller. Über Konversionen berichtet er in: *Twice-born Men* (1909), Reprint o. O. 2009. [AdÜ.]

der alten Mystiker. Sie gehen oft davon aus, dass es notwendig war, eine »Dunkle Nacht der Seele« zu durchlaufen, ganz unten anzukommen – Verzweiflung zu erleben als Voraussetzung für mystische Ekstase. Ich ziehe aus einigen dieser Schriften das Gefühl, als sei es notwendig, dass menschlicher Wille, Stolz und Arroganz sich zunächst voll entfalten Nachdem sich erwiesen hat, dass Wille und Stolz insgesamt nur Elend hervorbringen, kann es sein, dass die Person dann fähig ist, sich aus den Tiefen heraus zu ergeben, zu empfangen, demütig zu werden, ihren Kopf zu senken und ihr Knie zu beugen; sich selbst auf dem Altar darzubieten; und sagen: »Nicht mein Wille, sondern dein Wille geschehe.«[1] Ich möchte betonen, dass dies nicht nur ein religiöses Phänomen ist; etwas von der gleichen Art kann dem Alkoholiker widerfahren, dem Psychotiker, der Frau im Streit mit ihrem Mann oder dem Jugendlichen im Streit mit seinen Eltern.

Das Problem mit dieser Sichtweise war, meine ich jetzt, dass jene Haltung entweder eine gesunde oder eine kranke Form annehmen kann. So läuft die ganze Sache nicht bloß in religiöser Bekehrung oder mystischer Erfahrung ab, sondern auch in der Sexualität. Es ist sehr einfach, sexuelle Elemente in der mystischen Literatur ausfindig zu machen, und man kann leicht einsehen,

---

[1] Lukas 22:42. »Vater, willst du, so nimm diesen Kelch von mir; doch nicht mein, sondern dein Wille geschehe.« [AdÜ.]

dass eine sexualfeindliche Religion etwas Derartiges ablehnen musste und dass ein Satiriker wie H. L. Mencken[1] die ganze Chose lächerlich machen kann. Für alle Menschen, für die Sex und Religion (im »höheren« Leben) nicht zusammengehen, war dies ein Dilemma, das sie gefangen nahm. Nun, dieser Teil des Problems ist sicher kein Problem mehr, zumindest nicht für diejenigen, die denken, dass Sex (oder zumindest sexuelle Liebe) eine wunderbare und schöne Sache sei, und die gern bereit sind, ihn als ein Tor zum Himmel anzusehen.

Jedoch gibt es andere Probleme. Stolz kann leicht krank machen, aber ebenso kann es auch der Mangel an Stolz, d. h. Masochismus. Es sieht so aus, als müssen die Menschen in der Lage sein, sowohl sich selbst zu bestätigen (stur, halsstarrig, wachsam, aufmerksam, dominant, aggressiv, selbstbewusst, etc.) als auch zu vertrauen, sich zu entspannen und empfänglich und taoistisch zu sein, Dinge ohne Einzugreifen laufen zu lassen, demütig zu sein und sich zu fügen. Zum Beispiel wissen wir jetzt, dass beides, in der richtigen Reihenfolge, notwendig ist für Kreativität, für ein gutes Denken und Analysieren, für zwischenmenschliche und sicherlich für sexuelle

---

1 H. L. (Henry Louis) Mencken (1880-1956). In den USA einer der einflussreichsten Satiriker und Verteidiger der Bürgerrechte des 20. Jahrhunderts; u. a. übersetzte und publizierte er 1920 Friedrich Nietzsches Werk »Der Antichrist« (1895). [AdÜ.]

Beziehungen. Es scheint wahr, dass Frauen besonders gut darin sind, zu vertrauen und zu ernten, während Männer sich besser selbstbewusst zur Geltung bringen können; aber beide müssen in der Lage sein, beides zu tun.

Wir haben gesehen, dass, soweit es die Gipfel betrifft, scheinbar die meisten von ihnen Phänomene des Empfangens sind. Sie fallen der Person zu und diese muss in der Lage sein, es zuzulassen. Man kann sie nicht erzwingen, fassen oder herbeibefehlen. Willenskraft ist nutzlos, gleichfalls Sehnsucht und Anstrengung. Notwendig ist vielmehr, in der Lage zu sein, loszulassen, die Dinge geschehen zu lassen. Ich kann Ihnen an einigen sehr einfachen Beispielen zeigen, was ich meine. Es war Angyal,[1] der mir sagte, dass seiner Erfahrung nach wirklich zwanghafte Menschen sich nicht im Wasser »treiben« lassen können. Sie können einfach nicht loslassen oder aufhören sich zu kontrollieren. Um sich treiben zu lassen, muss man sich dem Wasser anvertrauen. Bekämpft man es, geht man unter. Gleiches gilt für Wasserlassen, Stuhlgang, Schlafen, Entspannung, etc. Alles das beinhaltet die Fähigkeit, loszulassen, die Dinge geschehen zu lassen. Willenskraft stört nur. In diesem gleichen Sinne scheint es, als ob der Einsatz von Willenskraft Gipfelerlebnisse hemme.

---

1 Andreas Angyal (1902-1960) war der ungarisch-amerikanische holistische Psychiater, der das Wort »Biosphäre« prägte. [AdÜ.]

Ein letztes Wort zu diesem Punkt. »Loslassen«,
»Vertrauen« und dergleichen meint nicht unbedingt »Dunkle Nacht der Seele«, »pure Verzweiflung«, Brechen des Stolzes oder In-die-
Knie-Zwingen. Gesunder Stolz geht gut mit gesunder Empfänglichkeit einher. Nur ungesunder
Stolz muss »gebrochen« werden.

Das ist übrigens ein weiterer Unterschied zwischen mystischer Erfahrung und diesen Gipfelerlebnissen.

An anderer Stelle habe ich auf das ungelöste Problem hingewiesen, dass Gipfelerlebnisse einige
Leute wacher, engagierter machen und in Hoch-
stimmung versetzen, während andere sich entspannen, ruhiger und gelassener werden. Ich
weiß nicht, was dieser Unterschied bedeutet
oder wo er herkommt. Vielleicht bedeutet letzte-
res vollständigere Befriedigung als ersteres. Vielleicht nicht. Mindestens eine Person ist mir be-
gegnet, die von Gipfelerlebnissen Spannungs-
kopfschmerzen bekommt, vor allem von ästhetischen. Sie berichtet von Rigidität, Anspannung
und großer Erregung, unterdessen sie sehr ge-
sprächig wird. Der Kopfschmerz ist nicht un-
angenehm und sie vermeidet ihn nicht, sondern
sucht nach mehr. Dieser Kopfschmerz passt zu
anderen, üblicheren Berichten. Zum Beispiel, ich
zitiere: »Die Welt sieht freundlich aus und
ich fühle mich freundlicher. Ich habe ein Gefühl
der Hoffnung (was nicht üblich ist für mich). Das

sind die Augenblicke, wenn ich weiß, was ich will – klar, weniger Zweifel. Ich bin effizienter und treffe schneller Entscheidungen, bin weniger verwirrt. Ich weiß besser, was ich will – was ich mag. Ich fühle mich nicht nur hoffnungsvoll, sondern habe mehr Verständnis und Mitgefühl.« Etc. etc.

Die Fragen, die ich gestellt habe, lauteten nach den Augenblicken der Verzückung, des größeren Glücks. Sie hielten sich darum auch an die bekannte Tatsache, dass Tragödie, Schmerz und Konfrontation mit dem Tod die gleichen kognitiven oder therapeutischen Wirkungen entfalten können bei Menschen mit genügend Mut und Kraft. So muss auch die Verwobenheit des Glücks mit der Traurigkeit – die Nähe des Lachens zu den Tränen – untersucht werden. Oft wurde mir berichtet von Tränen, die mit enormen Glück einhergingen (z. B. Weinen bei der glücklichen Hochzeit) oder mit dem Triumph der Gerechtigkeit (z. B. Tränen am happy end), oder von dem Frosch im Hals (z. B. beim Höhepunkt einer besonders schönen Tanz-Veranstaltung), oder von Schüttelfrost, Gänsehaut, Zittern und – in einem Fall – sogar von einsetzender Übelkeit bei musikalischen Gipfeln. Diese Fragen erfordern intensivere und umfangreichere Untersuchungen.

Das Studium der Gipfelerlebnisse bringt unweigerlich eine sehr schwierige Aufgabe mit sich, der sich die Psychologie im nächsten Jahrhundert widmen muss. Das ist, was einige der alten Mystiker und einige Theologen die »Unitive Consciousness« usw. genannt haben.[1] Das Problem, das die Religiösen formuliert haben, bestand darin, wie man ein gottgefälliges Leben in einer gottlosen Welt führen kann, wie man leben kann unter dem Aspekt der Ewigkeit, wie man an einer Vision der Vollkommenheit in einer unvollkommenen Welt festzuhalten vermag, wie man Wahrheit, Güte und Schönheit aufrecht erhält inmitten von Lüge, Bosheit und Hässlichkeit. In der Vergangenheit haben vielerart Menschen der Welt den Rücken zugekehrt, um diese Vision zu verwirklichen, etwa eingemauert in Klöstern oder durch ein asketisches Leben, etc. Und manch einer hat versucht, sich des Fleisches, des Körpers, des Hungers zu entledigen in dem Irrglauben, dass diese Dinge dem ewigen, dem vollkommenen und dem göttlichen Reich des Seins widersprechen.

Aber halt! Gipfelerlebnisse können sinnvollerweise von den unreifen Konzepten aufgenommen werden (oder diese sogar ersetzen), in denen der Himmel so etwas wie ein Country-Club an irgendeinem bestimmten Ort ist, vielleicht über den Wolken. In den Gipfeln wird die Natur des Seins selbst oft nackt und bloß wahrgenommen; die ewigen Werte scheinen dann Eigen-

---

1 Einige begriffliche Vorschläge: Alleinheit. Allseitige Verbundenheit. Die Eins- oder Einwerdung. Mystische Hochzeit. Unio Mystica. [AdÜ.]

schaften der Wirklichkeit selbst zu sein. Oder um es auf eine andere Weise zu sagen: Der Himmel ist überall um uns herum, steht im Prinzip immer zur Verfügung, bereit, für in ein paar Minuten betreten zu werden. Er ist überall – in der Küche, bei der Arbeit oder auf einem Basketballplatz – überall dort, wo Vollkommenheit passieren kann, wo Mittel zum Zweck werden oder wo ein Job richtig gemacht wurde. Das Leben allseitiger Verbundenheit ist leichter erreichbar, als jemals erträumt, und eine Sache ist ganz offenbar – Forschung bringt es noch näher und macht es verfügbar.

Ein letztes Wort. Es muss inzwischen denen klar geworden sein, die mit der Literatur der mystischen Erfahrungen vertraut sind, dass diese Gipfelerlebnisse diesen sehr ähneln und sich mit ihnen überlappen, aber nicht mit ihnen identisch sind. Was ihre wahre Beziehung ist, weiß ich nicht. Meine Vermutung lautet, dass ein zwar gradueller, aber kein prinzipieller Unterschied besteht. Alle mystische Erfahrung, wie sie klassisch beschrieben wird, wurde mehr oder weniger durch Gipfelerlebnisse erlangt.

DIE RELIGION RELIGIÖS MACHEN[1]
DAVID STEINDL-RAST[2]
ÜBERSETZT VON JÜRGEN KOCH

Ich habe mir für diesen Nachmittag eine verhält-
nismäßig klar umrissene Aufgabe gestellt, und
zwar möchte ich mit Ihnen drei Fragen untersuchen. Drei Fragen, die für unsere Diskussion,
die in dieser Woche hier im Gange ist, ziemlich
wichtig zu sein scheinen. Dabei ist die erste Frage
bisher noch nicht wirklich gestellt worden, aber
ich glaube, dass sie vielen Leuten im Kopf her-

[1] Vortrag auf der Konferenz *Andere Wirklichkeiten: Die Konvergenz
neuer Naturwissenschaften und alter spiritueller Traditionen*, die 1983 in
Alpbach (Tirol) stattfand und an der u. a. auch S. H. der XIV. Dalai Lama,
Richard Baker-Roshi, Joachim E. Berendt, Morris Berman, David
Bohm, Fritjof Capra, Gopi Krishna, Rupert Scheldrake, William I.
Thompson und Francisco Varela mitwirkten. Dt. Erstveröffentlichung
in: Rainer Kakuska (Hg.), Andere Wirklichkeiten: *Die neue Konvergenz
von Naturwissenschaften und spirituellen Traditionen*, München 1984:
Dianus-Trikont, S. 193-204. Die Wiederveröffentlichung hier an dieser
Stelle erfolgt mit der freundlichen Genehmigung von David Steindl-
Rast und des Rechteinhabers Rainer Kakuska. [Hg.]

[2] David Steindl-Rast wurde 1926 in Wien geboren, wo er Kunst und
Anthropologie studierte und in Psychologie promovierte. 1953 trat er
einem kontemplativen Zweig des Benediktinerordens in den USA bei.
Ihm ist es unter anderem durch seine Erfahrung mit Zen-Buddhismus
gelungen, Brücken zwischen christlicher Spiritualität und östlicher
Weisheit zu schlagen; durch sein soziales Engagement trägt er zu Verständnis und Frieden auf der Welt bei. www.gratefulness.org

umgeht. Wir haben über Religion und Spiritualität gesprochen, es kam jedenfalls immer wieder
zur Sprache, und viele von uns fühlen sich einer
bestimmten religiösen Tradition zugehörig. Und
viele von uns, die sich einer bestimmten religiösen Tradition verbunden fühlen, haben gewisse
Probleme mit dieser Tradition. Deshalb glaube
ich, dass viele die Frage beschäftigt, was wir tun
können, damit diese Religion wirklich religiös
wird. Denn manches, was hier über Religion gesagt worden ist – so wahr es auch klingt – trifft
nicht unbedingt auf unsere religiösen Traditionen, wie wir sie kennen, zu. Und wir wünschen,
es wäre anders. Deshalb ist eine der Fragen, die
ich untersuchen möchte die, wie wir die Religion
wieder religiös machen können. Denn wir wissen
aus Erfahrung, dass Religionen nicht notwen-
digerweise religiös sind. Sie neigen sogar dazu,
unreligiös zu werden, wenn sie sich selbst überlassen bleiben.

Die nächste Frage, die mehr an der Oberfläche
bleibt, ist die, in welcher Beziehung die verschiedenen Religionen zueinander stehen. Sie sehen
hier immerhin Baker Roshi[1] neben einem Bene-

---

1 Zentatsu Richard Baker Roshi (1936) ist amerikanischer Soto-Zen-
Meister, Gründer und leitende Lehrer von Dharma Sangha, der aus
dem Crestone Mountain Zen Center in Crestone, Colorado, und dem
buddhistischen Studienzentrum im Schwarzwald besteht. Zen-Lehrer
in der Lehrlinie von Dongshan und Shunryu Suzuki Roshi. Er trat im
Jahre 1971 die Dharma-Nachfolge von Suzuki Roshi an. Seit Anfang
2019 gibt er keine formellen Seminare mehr, steht aber zum Dharma-

diktinermönch sitzen, und Gopi Krishna[1] neben dem Dalai Lama,[2] auch andere religiöse Traditionen sind hier noch vertreten. In welcher Beziehung stehen sie zueinander? Und wie ist dieses Verhältnis zu sehen, sagen wir unter einem Gesichtspunkt, den jeder religiöse Mensch einnehmen kann, so dass wir uns nicht auf eine bestimmte Perspektive festlegen, sondern eine Betrachtungsweise finden, die allen gerecht wird, unabhängig davon, wo wir jeweils stehen.

Und die dritte Frage, auf die ich eingehen will, ist natürlich die Hauptfrage, die wir uns hier gestellt haben: Wie verhalten sich Religion und Wissenschaft zueinander, wie ist die Beziehung zwischen Religion und Wissenschaft? Das ist natürlich die grundlegendste Frage.

Ich möchte unsere Unternehmung hier damit beginnen, dass ich auf Abraham Maslows Untersuchung des »Gipfelerlebnisses« verweise. Ich nehme zwar an, dass Abraham Maslow und seine Experimente zu dem, was er schließlich »Gipfelerlebnis« nannte, vielen von Ihnen bekannt ist. Aber ich werde das nicht voraussetzen, und zum Glück bin ich auf einen sehr prägnanten, kurzen

Austausch im Rahmen der »Door Step Zen«-Tage zur Verfügung. [Hg.]
1 Gopi Krishna Shivpuri (1903-1984) war indischer Yogi, Mystiker, Gelehrter und Autor. Nachdem er mit 34 Jahren ein Erwachen der Kundalini-Kraft erlebt hatte, begann er sich für die systematische Erforschung des Kundalini-Phänomens zu engagieren. [Hg.]
2 Tenzin Gyatso (1935) ist der 14. Dalai Lama, buddhistischer Mönch und Linienhalter der Gelug-Schule des tibetischen Buddhismus. [Hg.]

Vortrag gestoßen, den Maslow 1961, ganz am Anfang seiner Karriere, gehalten hat und der ganz vom Enthusiasmus einer frühen Phase der Entdeckung getragen ist.[1] Ich werde deshalb einige Passagen daraus wiedergeben, die zeigen, wie Maslow 1961 über seine große Entdeckung der Gipfelerlebnisse gesprochen hat. Wir haben damit einen Ausgangspunkt, und durch das, was Maslow sagt, werden Sie sofort verstehen, wie sich das alles in das Bild hier einfügt. Und darauf werde ich dann aufbauen.

Ich beginne mit Maslow, weil ich glaube, dass seine Entdeckung des Gipfelerlebnisses eine der bedeutendsten Entdeckungen unserer Zeit ist, höchst bedeutsam für unsere Fragen hier und von spezieller Bedeutung für die Beziehung zwischen Wissenschaft und Religion. Maslow hatte sich die Aufgabe gestellt, das Phänomen der psychischen Gesundheit zu untersuchen. Das war sein grundlegender Ausgangspunkt. Und Maslow sagte, »wir haben in der Psychologie lange Zeit psychische Störungen untersucht und versucht, daraus Erkenntnisse über den Durchschnittsmenschen abzuleiten. Warum untersuchen wir nicht besonders gesunde Menschen und sehen, ob uns das vielleicht hilft, seelisch gesünder zu werden?« Ein sehr guter Ansatz für die Psychologie. Und im Folgenden gibt er eine

---

1 Gemeint ist der Vortrag, der in diesem Buch unter dem Titel »Was Gipfelerlebnisse uns lehren« dokumentiert ist. [Hg.]

sehr anschauliche Beschreibung davon. »Als ich begann, die psychische Gesundheit zu untersuchen, wählte ich die hervorragendsten und gesündesten Personen aus, die besten Exemplare der menschlichen Art, die ich finden konnte, und untersuchte ihre Eigenschaften. Sie waren sehr anders, in mancher Hinsicht überraschend anders als der Durchschnitt.« Er sagt: »Der Biologe hatte recht, der verkündete, dass er das fehlende Glied *(missing link)* zwischen den Menschenaffen und dem zivilisierten Menschen gefunden hätte: Das fehlende Glied sind wir.«

Und Maslow fährt fort: »Ich habe viele Lektionen von diesen Leuten gelernt«, – von diesen außergewöhnlich gesunden Menschen – »aber eine ist hier von besonderer Bedeutung: Ich fand, dass diese Menschen häufig berichteten, so etwas wie mystische Erlebnisse gehabt zu haben, Momente von tiefer Ehrfurcht, Momente intensivsten Glücks oder sogar der Verzückung, Ekstase oder Seligkeit. Ich sage Seligkeit, weil das Wort Glück manchmal zu schwach ist, um diese Erfahrung zu beschreiben. Jedes Getrenntsein und jede Distanz von der Welt waren verschwunden, als sie sich eins mit der Welt fühlten, mit ihr verschmolzen, ihr wirklich zugehörig, statt außerhalb zu stehen und hinein zu schauen. Einer sagte zum Beispiel: ›Ich fühlte mich als Mitglied einer Familie, nicht mehr als Waisenkind.‹« Sehr oft fühlen wir uns als Waisenkinder in der Welt,

47

und auf einmal fühlen wir uns zuhause. Ich glaube, wir haben alle diese Erfahrung gemacht, die Erfahrung eines Augenblicks, in dem wir uns wirklich in der Welt zuhause fühlen. Das ist unter anderem eine der Bedeutungen dieses Gipfelerlebnisses. »Aber das Allerwichtigste bei den Berichten über diese Erfahrung war das Gefühl, dass sie wirklich die höchste Wahrheit gesehen hatten, das Wesen der Dinge, das Geheimnis des Lebens, als ob Schleier beiseite gezogen worden wären.« Alan Watts beschreibt dieses Gefühl so: »Das ist es! Das ist es!« Wir machen also diese Erfahrung und haben das Gefühl: Das ist es! Das, was wir schon immer sehen wollten.

Jeder kennt das Gefühl, etwas zu wollen und nicht zu wissen, was. Die mystischen Erfahrungen geben uns das Gefühl der absoluten Befriedigung von vagen und ungestillten Sehnsüchten. Plötzlich ist es da, und wir wussten nicht einmal wonach wir gesucht hatten. Aber hier hatte er bereits etwas Neues gelernt, sagt Maslow: »Das Wenige, das ich bis dahin über mystische Erfahrungen gelesen hatte, brachte sie mit Religion in Verbindung, mit Visionen des Übernatürlichen. Und wie die meisten Wissenschaftler hatte ich ungläubig die Nase darüber gerümpft und alles als Unsinn abgetan, als Halluzination oder Hysterie vielleicht, als höchstwahrscheinlich pathologisch. Aber die Menschen, die mir das erzählten oder über solche Erfahrungen schrieben,

waren nicht pathologisch. Es waren die gesündesten Menschen, die ich finden konnte. Das war
also eine Sache, die ich lernte. Und ich möchte
hinzufügen, dass ich daraus etwas über die Be-
schränktheit des kleinen – nicht des großen – orthodoxen Wissenschaftlers lernte, der nichts als
Wissen oder Realität anerkennt, was sich nicht
in den Rahmen der bereits bestehenden Wissenschaft einfügt.« Nun, wir haben das große Glück,
dass hier nur Wissenschaftler anwesend sind, die
nicht von dieser beschränkten orthodoxen Art
sind, von der Art, die Maslow mit diesem Reim
charakterisiert:

> *I am the master*
> *of this college,*
> *what I don't know,*
> *that is not knowledge.*[1]

Maslow beschreibt dann, was er außerdem bei
seinen Experimenten lernte: »Diese Erfahrungen hatten meistens nichts mit Religion zu tun,
jedenfalls nichts mit Religion im üblichen Sinn,
mit Übernatürlichem.« Nun, ich habe wirklich
einige Zeit mit religiösen Dingen zugebracht,
und ich bin glücklicherweise nicht auf diese
übernatürliche Auffassung gestoßen. Aber offensichtlich gibt es viele Leute, die in dieser Art über

---

1 Ich bin der Chef dieser Hochschule. Was ich nicht weiß, das ist kein
Wissen.

Religion denken. Und dann haben diese Gipfel-erlebnisse tatsächlich überhaupt nichts damit zu tun. »Sie traten in großen Augenblicken von Liebe und Sex auf, bei großen ästhetischen Ein-drücken, besonders in der Musik, bei der Freiset-zung von Kreativität und kreativer Begeisterung, der großen Eingebung, in großen Momenten der Einsicht und des Entdeckens, bei Frauen, wenn sie ihre Babys auf natürliche Weise zur Welt brachten oder einfach, wenn sie sie liebten, in Augenblicken des Verschmelzens mit der Natur, im Wald, am Strand, auf einem Berg usw., bei bestimmten sportlichen Aktivitäten, beim Tauchen, Skifahren, Tanzen usw. Und so war die zweite große Lektion, dass es sich dabei um eine natürliche und nicht um eine übernatürliche Er-fahrung handelte. Ich gab also den Begriff ›mys-tische Erfahrung‹ auf und nannte es nun ›Gipfel-erlebnis‹.« Ich habe den Verdacht, dass ein weite-rer wichtiger Grund dafür, den Begriff »mysti-sche Erfahrung« fallen zu lassen, darin bestand, dass er einem Wissenschaftler nicht sehr gut an-steht. Spricht man stattdessen vom »Gipfelerleb-nis«, dann ist es etwas leichter zu schlucken, die Pille ist versüßt. Wie auch immer – Maslow nannte sie nun nicht mehr mystische Erfahrun-gen, sondern Gipfelerlebnisse. »Sie können wis-senschaftlich untersucht werden. Ich habe damit begonnen«, sagt er. »Sie sind dem menschlichen Wissen zugänglich.« Und dann vollzieht er eine

Wendung und sagt etwas sehr Interessantes: »Oder um es anders zu sagen – Gipfelerlebnisse können als wahrhaft religiöse Erfahrungen betrachtet werden im besten, umfassendsten und zutiefst humanistischen Sinn dieses Wortes.« Das verstehe ich unter Religion. »Und es könnte sich herausstellen«, sagt Maslow, »dass das wichtigste Ergebnis dieser Arbeit darin besteht, die Religion der wissenschaftlichen Betrachtung zugänglich zu machen.« Und genau das hat Maslow mit seinen Experimenten und mit seiner Forschungsarbeit getan. Er brachte die Religion in die Wissenschaft ein. Aber nun zeigt sich, dass die Wissenschaft sich damit etwas einverleibt hat, das sie von innen heraus verändert hat. Und ich meine, ein gutes Stück von dem, was wir hier[1] als völlig veränderte Einstellung der Wissenschaft erfahren haben, kommt genau daher, dass sich die Wissenschaft die Religion einverleibt hat.

»Die nächste große Lehre war, dass Gipfelerlebnisse weit verbreiteter sind, als ich je angenommen hatte. Sie kamen nicht nur bei gesunden Menschen vor. Gipfelerlebnisse traten auch bei durchschnittlichen und sogar bei psychisch kranken Menschen auf. Ich vermute jetzt, dass sie tatsächlich bei praktisch jedermann auftreten, auch wenn sie nicht als das erkannt und akzeptiert werden, was sie sind.« Und weitere Forschungsarbeit

---

[1] auf dieser Tagung [Hg.]

überzeugte Maslow davon, dass sie, soweit man
das aus einer begrenzten Anzahl von Versuchen
extrapolieren kann, bei jedem Menschen vorkommen. Diese Gipfelerlebnisse hat also jeder
von uns, aber nicht jeder akzeptiert sie, nicht
jeder lässt sie zu. Maslow studierte sogar, welche
Art von Personen wahrscheinlich nicht einmal
zugeben wird, solche Gipfelerlebnisse gehabt zu
haben. Es sind dies Menschen, die ein sehr starkes
Bedürfnis fühlen, alles streng unter Kontrolle
zu halten. Wenn wir das Bedürfnis haben, alles
streng unter Kontrolle zu halten, dann werden
wir nicht gerne von unseren Gipfelerlebnisse
sprechen, und manchmal haben Leute zu Maslow
gesagt: »Oh, ich habe das nie jemandem erzählt.
Ich dachte, ich sei da vorübergehend verrückt
gewesen.« Und Maslow gibt zu bedenken, dass es
statt einer vorübergehenden krankhaften An-
wandlung vielleicht der einzige klare Augenblick
war, den diese Person je hatte. »Denn«, sagt er, »es
ist nicht leicht, das Verhältnis zwischen Gipfelerlebnissen und den typischen mystischen Erfahrungen zu bestimmen. In welchem Verhältnis sie
wirklich zueinander stehen, weiß ich nicht; ich
kann nur vermuten, dass zwischen ihnen nur ein
gradueller Unterschied besteht und kein substan-
tieller. Die vollkommene mystische Erfahrung,
wie sie immer wieder beschrieben wird, wird
durch mehr oder weniger intensive Gipfelerlebnisse im großen und ganzen erreicht.« Und das

bedeutet, dass wir alle Mystiker sind. Der Mystiker ist kein Mensch besonderer Art, sondern jedes menschliche Wesen ist ein Mystiker besonderer Art. Und wir täten gut daran, uns dieser Herausforderung zu stellen.

»Eine andere Erkenntnis bestand darin, dass Gipfelerlebnisse viele, viele Ursachen haben und dass alle möglichen Menschen sie haben können. Meine Liste von Ursachen scheint länger und länger zu werden, je weiter ich diese Untersuchungen fortsetze. Eine weitere Schlussfolgerung, derer ich mir inzwischen ziemlich sicher bin, ist die, dass alle Gipfelerlebnisse sich zu überschneiden oder ähnlich zu sein scheinen, ungeachtet ihrer jeweiligen Ursachen. Ich möchte nicht sagen, sie seien identisch – das sind sie nicht – aber sie sind einander viel ähnlicher, als ich mir jemals hätte träumen lassen. Die auslösenden Momente sind sehr verschieden. Das subjektive Erleben ist meist recht ähnlich. Ein wesentlicher Gewinn, den ich von dieser Erfahrung habe und den wir alle haben können ist, dass sie uns hilft, einander besser zu verstehen. Unser Inneres ist viel übereinstimmender als unser Äußeres. In anderen Worten: Das Persönlichste, Lebendigste in uns ist etwas, das wir alle miteinander teilen. Denn während dieser Gipfelerlebnisse sind wir uns sehr klar und intensiv bewusst, dass wir zusammengehören und etwas teilen, das jedem menschlichen Wesen eigen ist.

Wenn unser inneres Glücksgefühl so übereinstimmend ist, ungeachtet dessen, wodurch es ausgelöst wird und ungeachtet der Verschiedenartigkeit der Menschen, die diese Erfahrung machen, dann weist uns das vielleicht einen Weg, wie wir gegenüber Menschen, die sehr verschieden von uns sind, einfühlsamer und verständnisvoller sein können. Sportler und Intellektuelle, Frauen und Männer, Erwachsene und Kinder, Künstler und Hausfrauen – in bestimmten Momenten sprechen sie alle eine gemeinsame Sprache, machen eine gemeinsame Erfahrung und leben in der selben Welt. In diesen Momenten sind sie am lebendigsten. In unseren lebendigsten Augenblicken sind wir eins miteinander.«

Dies ist eine tiefgehende und wichtige Entdeckung, es handelt sich sozusagen um die Entdeckung der religiösen Erfahrung im Bereich der Psychologie, das heißt im Bereich der Wissenschaft. Und nun können wir uns fragen:

Wie kommen wir von dieser religiösen Erfahrung zum Begriff Gottes oder zu den Religionen? Anscheinend ist die Realität, die von denjenigen Menschen als Gott bezeichnet wird, die den Begriff »Gott« gebrauchen und sich damit wohl fühlen, eine Realität, derer alle Menschen zutiefst gewahr sind; aber einige Menschen haben etwas dagegen, diese Realität mit dem Etikett »Gott« zu versehen. Und sie haben es damit vielleicht weit besser getroffen als andere. Sie haben vielleicht eine solche Ehrerbietung für diese tiefe Erfahrung und für diese Realität, dass sie sie nicht mit dem Namen Gottes in Verbindung bringen möchten, der so entstellt worden ist und so viele unglückselige Beiklänge hat. Wenn man andererseits, wie ich, in einer Tradition groß wird, in der der Name Gott vertraut ist, dann kann das auch eine große Hilfe sein, denn man steht in Kontakt mit einer religiösen Tradition, und jede religiöse Tradition ist ein historischer Prozess der Erforschung dieser Realität. Und wenn man dieser Religion angehört, wenn man in dieser Religion aufwächst, hat man einen gewaltigen Vorteil, denn man muss nicht all diese Dinge noch einmal entwickeln. Genauso ist es auch, wenn man sich einer wissenschaftlichen Tradition anschließt, dann muss man auch nicht die Grundrechnungsarten oder das Rad oder etwas ähnlich Grundlegendes neu erfinden. Man schließt sich einer Tradition an, die einen vorbereitet, und das Wort »Gott« ist hilfreich als eine Art Etikett. Das ist nur ein Beispiel, man könnte noch viele andere Ausdrücke und Begriffe anführen, die in einer religiösen Tradition nützlich, allerdings auch hinderlich sein können.

Ich möchte Ihnen nun gerne eine sehr kurze Schilderung eines Gipfelerlebnisses vorlesen, schon weil sie ein praktisches Beispiel für ein Gipfelerlebnis liefert. In gewisser Hinsicht ist dies ja eine nicht mitteilbare Erfahrung, eine un-

aussprechliche Erfahrung, aber man kann schon
darüber sprechen und fühlt auch oft den Drang,
darüber zu sprechen. Der Kern der Erfahrung
kann niemals wirklich in Worte gefasst werden,
man kann ihn aber ganz gut mit Worten um-
schreiben. Und genau das tut die Autorin hier,
eine von hunderten von Autoren, die man in
diesem Zusammenhang nennen könnte. Der
Grund, weshalb ich gerade dieses Beispiel wähle,
ist zunächst einmal der, dass es eine schöne,
leichte und treffende Beschreibung ist, zweitens
aber auch, weil uns gerade dieses Beispiel zeigt,
wie die Autorin aufgrund der Erfahrung zum Begriff ›Gott‹ kommt. Und das ist selten bei diesen
Beschreibungen.

Es handelt sich um Mary Austin,[1] die ein Kind-
heitserlebnis beschreibt: »Ich muss zwischen
fünf und sechs Jahre alt gewesen sein, als mir
diese Erfahrung zustieß. Es war ein Sommer-
morgen, und das Kind, das ich war, war allein
durch den Obstgarten hinuntergegangen und
kam am Rand des sanft abfallenden Hügels heraus, wo Gras wuchs und der Wind wehte und ein
hoher Baum stand, der sich in die unendliche
Weite des blauen Himmels reckte. Nach einer
Weile der Stille wurden plötzlich die Erde und der
Himmel, der Baum, der wehende Wind, das Gras

---

[1] Mary Hunter Austin (1868-1934), amerikanische Schriftstellerin,
Dramatikerin und Feministin; Textstelle aus: *Earth Horizon* (1932), Al-
buquerque, NM 1960/1991, S. 371. [Hg.]

und das Kind inmitten von all dem miteinander lebendig in einem pulsierenden Licht von Bewusstsein. Ich kann mir die unerwartete, umfassende Bewusstheit alles Einzelnen für das Ganze ins Gedächtnis zurückrufen: Ich in allem anderen und alles andere in mir – und wir alle zusammen eingehüllt in eine warme, strahlende Kugel von Lebendigkeit. Ich erinnere mich, wie das Kind überall nach der Quelle dieses Glücks Ausschau hielt. Und endlich fragte es: Gott? Denn Gott war das einzige Wort der Ehrfurcht, das es kannte. Tief innen vernahm es, wie das leise Tönen einer Glocke, die Antwort: Gott – Gott. Wie lange dieser unsagbare Augenblick dauerte – ich weiß es nicht. Er zersprang wie eine Seifenblase, als plötzlich ein Vogel sang; und der Wind wehte, die Welt war wie immer, und doch nie mehr ganz so wie vorher.«

Nun, ich denke, das ist eine ziemlich treffende Beschreibung, in der wir eigene Erfahrungen wieder erkennen werden. Und wir können von hier ausgehen und uns in einem größeren Zusammenhang fragen: Wie verhält sich nicht nur ein bestimmter Autor, sondern wie verhält sich Religion im allgemeinen zu den einzelnen Religionen? Und das Verhältnis zwischen Religion und den einzelnen Religionen, das ich hier im Auge habe, ist vergleichbar mit dem Verhältnis der Kunst zu den Künsten.

Wie sollen wir an diese Frage heran gehen? Wie

gelangen wir von der religiösen Erfahrung, sagen wir des Gründers oder jedes Mitglieds einer bestimmten religiösen Gemeinschaft, zu den Religionen? Jeder Mensch, so behaupte ich, macht zwangsläufig drei Dinge mit dieser religiösen Erfahrung. Wir können gar nicht anders, wir tun das mit jeder Erfahrung, aber im Falle der religiösen Erfahrung wird es besonders deutlich.

Das erste ist, dass unser Intellekt sich auf die Erfahrung stürzt und sie interpretiert – das kann man nicht verhindern. Selbst wenn Sie sagen würden: Diese Erfahrung, meine religiöse Erfahrung, kann nicht interpretiert werden, so wäre das eine Interpretation. Wir nennen das »apophatische Theologie«, das ist das Gegenteil von »über Religion sprechen«, wir sagen: darüber kann man nicht sprechen. Aber auch das ist eine Interpretation. Und deshalb entstehen in jeder religiösen Tradition unweigerlich Doktrinen.

Aber unser Intellekt ist nicht die einzige Kraft, die sich dieser Erfahrungen bemächtigt. Auch unser Wille greift ein, ganz unweigerlich. Und unser Wille tut etwas ganz anderes. Wir haben gesehen, dass diese Erfahrung unter anderem – neben vielen Aspekten, die Maslow sorgfältig herausgearbeitet hat und die wir in unserem Seminar im einzelnen diskutieren können – in einem überwältigenden Gefühl der Zugehörigkeit besteht. Das war der wichtigste Punkt, den wir hier behandelt haben: Es ist ein überwältigendes Gefühl der Zugehörigkeit – ich gehöre grenzenlos mit allem und jedem zusammen und bin überwältigt von diesem Gefühl. Das erstreckt sich nicht nur auf alle menschlichen Wesen, sondern auf alle Kreaturen, einfach auf alles. Ich gehöre dazu, ich bin zuhause, bin nicht länger ein Waisenkind, das durchs Fenster hinein schaut. Ich bin drinnen, ich bin zuhause, ich gehöre dazu.

Und unser Wille öffnet sich nun dafür, wir öffnen uns willentlich, wie Baker Roshi betont hat. Dabei ist es nicht so sehr eine Frage des Wollens, als des »Gewillt sein«. In unserem Seminar haben wir damit gestern ein wenig Schwierigkeiten gehabt. Das deutsche Wort, das hier am besten passt, ist nicht so sehr »Wille«, sondern »Entschluss«, was das Gegenteil von »verschließen« bedeutet. Man entschließt sich, sich zu öffnen, statt sich zu verschließen. Unser Wille öffnet sich also. Wenn wir uns jedoch dieser Einsicht und Erkenntnis öffnen, dass wir mit allem und jedem verbunden sind, dann hat das Konsequenzen. Und diese Konsequenzen gefallen uns vielleicht nicht.

Stellen Sie sich nur einmal für einen Moment lang vor, Sie würden es wirklich ernst nehmen, dass Sie etwas mit den Menschen in El Salvador[1] zu tun haben. Wären Sie dann vielleicht besser

---

[1] Gemeint ist der Befreiungskampf in den 1980er Jahren gegen die Repressionen des Militärregimes. [Hg.]

darüber informiert, was in El Salvador passiert, als Sie es heute sind? Ich fürchte, die Antwort hieße: Ja. Vielleicht hat sich Ihr Wille nicht ganz für diese Realität geöffnet, dass wir alle zusammen gehören. Oder wüssten Sie besser darüber Bescheid, was in Südafrika[1] los ist, wenn Ihnen klar würde, dass Sie Millionen von Brüdern und Schwestern dort haben? Sie wären schon viel besser über die Vorgänge in Südafrika informiert, wenn Sie dort nur einen Cousin hätten. Weshalb ziehen wir also nicht die Konsequenzen? Denn genau das geschieht doch.

Das zeigt uns natürlich auch, wie die religiöse Erfahrung jene Blase zum Platzen bringt, über die Bob Livingston gesprochen hat.[2] Sie bringt diese

1 Gemeint ist der Widerstand der schwarzen und Teilen der weißen Bevölkerung gegen die Apartheit (Rassentrennung) bis zu deren Abschaffung 1994. [Hg.]

2 Robert Livingston (1918-2002) war Professor für Neurologie an der Universität San Diego, ein Wissenschaftler, der auch an der Tagung teilnahm. Er unterstützte zum Beispiel auch Fritjof Capra bei seiner Arbeit an dessen Buch *Das Neue Denken: Die Entstehung eines ganzheitlichen Weltbildes*. Zitat von Robert Livingston in Rainer Kakuska, *Andere Wirklichkeiten* (aus dem auch der vorliegende Text stammt), S. 186: »Was ich nun bei all dem im Hinterkopf habe, ist eine schreckliche Besorgnis bei der Wahrnehmung der Welt, die ich Ihnen einfach mitteilen muß. Wenn ich den Zeitungen Glauben schenken darf, dann werden in Kürze von der NATO in Europa Waffen mit sehr rascher und entsetzlicher Vernichtungswirkung aufgestellt. Und nach meiner Berechnung werden wir dann um 40 % mehr gefährdet sein, als wir es jetzt schon sind. Wenn das eintritt, dann wird es ungemein viel schwieriger werden, eine friedliche Lösung zu finden. Und ich frage mich, ob wir nicht in einer Art geschützten Seifenblase sitzen, in der wir über diese Abstraktionen, die uns begeistern, reden können zu einer Zeit, in der unser Leben und das Leben von Menschen, die wir lieben, und alle Monumente und Schätze

Blase zum Platzen, in der wir sitzen, ohne Beziehung zu den anderen, und so weiter machen können wir immer. Wenn wir es ernst meinen ... aber wir können uns auch verschließen, wir müssen uns nicht öffnen. Aber der Wille tut das eine oder das andere, oder er tut es zumindest irgendwie halbherzig, und das führt zu Moral, zu moralischen Implikationen. Deshalb ist Moral auch ein Element jeder Religion, ob es uns passt oder nicht.

In den westlichen Religionen ist das Problem, dass die Moralvorstellungen so überhand genommen haben, dass wir uns darauf besinnen müssen, nicht dass Moral ein Bestandteil der Religion ist, sondern dass Religion mehr ist als nur Moral.

Und dann ist da noch etwas drittes, was wir unweigerlich mit der Gipfelerfahrung machen, denn es gibt ja nicht nur unseren Intellekt, nicht nur unseren Willen, es gibt auch noch unsere Gefühle. Und auch unsere Gefühle tun etwas mit dieser religiösen Erfahrung. Sie feiern sie. Es gibt Grund zu feiern: Das war schließlich eine Begegnung mit dem Leben, es war der lebendigste Augenblick, den wir je erlebt haben. Das Leben

der Zivilisation auf dem Spiel stehen. Und so habe ich dieses Gefühl von Großartigkeit, Begeisterung, Entzückung und transzendentaler Erfahrung, und zur selben Zeit quält mich der Gedanke, daß wir vielleicht gemeinsam unsere Stimmen erheben – mit Obertönen – und etwas dazu tun sollten, die Vernichtung zu verhindern. Vielleicht falle ich aus der Reihe, indem ich dies sage, auf beiden Ebenen. (Langer Beifall.)« [Hg.]

muss gefeiert werden, unsere Gefühle feiern es, und das bringt uns zum Ritual.

Jetzt, wo wir diese drei Begriffe herausgearbeitet haben, können Sie auch auf einen Blick sehen, was ich meinte, als ich sagte, dass Religion ziemlich unreligiös werden kann, wenn sie sich selbst überlassen bleibt. Sie verkommt, denn jetzt haben wir ihr äußere Form gegeben. Jetzt ist sie keine Erfahrung mehr, ist nicht mehr lebendig, jetzt ist sie zur Lehrmeinung geworden, steht in Büchern, in Bibliotheken usw. Jetzt ist sie äußerlich manifestiert als eine objektive Realität. Auf diese Weise kann Religion zur Lehrmeinung versteinern, und was wir dann erleben, ist Dogmatismus.

Nun ist ein Dogma nichts Schlechtes, jedenfalls meiner Meinung nach. Es ist eine Art Sprungbrett: Soviel steht fest, nun wollen wir unsere Erkundung fortführen. Wir können hier nicht für alle Zeit stehen bleiben, wir gehen weiter, aber setzen unsere Untersuchung von einer sehr soliden Basis aus fort. Dogmatismus andererseits ist ganz verkehrt, denn Dogmatismus bleibt in der Lehrmeinung stecken.

Auch gegen Moral ist ganz offensichtlich nichts einzuwenden – im Gegenteil, wir wären schlecht dran ohne sie – starrer Moralismus aber ist von übel. Und Moral schlägt sich immer in Gesetzen und moralischen Vorschriften nieder. Und ehe man sich's versieht, ist das Leben weitergegangen, die moralischen Vorschriften sind aber immer noch so, wie sie zu einer anderen Generation passten. Jetzt stehen diese Gesetze also im Widerspruch zur Religion, zur wirklichen Religion, meine ich. Wenn auch nur in ihrer besonderen Ausprägung – es besteht dennoch ein Konflikt.

Und das gleiche gilt für Rituale. Wenn sie sich selbst überlassen bleiben, verkommen Rituale zu rituellem Formalismus: So haben wir es immer gemacht, deshalb machen wir es auch weiter so. Nun, anfangs war es ein Fest des Lebens, jetzt ist es nur noch eine Imitation davon, wie jemand anderer das Leben gefeiert hat, und das muss für einen selbst noch lange nicht feierlich sein – vielleicht ist es ja schlicht langweilig.

Wir sehen also, wie Religion zu etwas werden kann, das mit Religion nichts mehr zu tun hat. Ich benutzte da am liebsten den Vergleich mit einem Vulkan. Wir haben da diesen Berg, und aus ihm bricht die religiöse Erfahrung hervor wie bei einem Vulkanausbruch. Und da ist alles noch lebendig und flüssig, Licht und Feuer und all diese Bilder passen ausgezeichnet. Und dann fängt es an, herunter zu fließen. Da ist dieser Lavastrom, der an beiden Seiten des Berges herunterfließt. Und je weiter er ins Tal kommt, um so dicker wird er, und um so kälter, und ehe man sich's versieht, ist das lebendige Feuer völlig mit Lava überdeckt, durch die man kaum noch durchkommt. Deshalb bedarf es eines großen

Heiligen, wie es etwa der Heilige Franziskus war, der hier durchstößt und das lebendige Feuer wieder hervorschießen lässt, das ursprünglich da war. Genau das haben all die großen Heiligen und Weisen getan: Sie haben diese Kruste durchstoßen und das Lebendige wieder zum Vorschein gebracht, das darunter verborgen war.

Damit sind wir schon bei der Antwort auf die erste Frage, nämlich: Wie können wir unsere Religion religiös machen? Denn nicht nur der Heilige Franziskus, wir alle tragen die Verantwortung dafür, dass unsere Religion wieder religiös wird. Und das bedeutet, dass wir ständig diese harte Kruste von Dogmatismus, Moralismus und Ritualismus durchstoßen müssen, um die Religion wieder auf die religiöse Erfahrung zurückzuführen und mit ihr zu verbinden. Keiner von uns ist davon ausgenommen. Wir mögen zwar mehr oder minder erfolgreich dabei sein, aber wir müssen es wenigstens versuchen. Und wenn Sie einer religiösen Tradition angehören – und ich glaube, wie ich es bereits gesagt habe: Es ist ein gewaltiger Vorteil, es ist ein großes Erbe, das wir damit angetreten haben; es kann sehr nützlich sein, allerdings auch ein großes Hindernis darstellen – aber wenn wir einer religiösen Tradition angehören, dann tragen wir eine Verantwortung. Wenn wir sie hinter uns lassen, muss sie anders sein, als wir sie vorgefunden haben. Darin liegt unsere Verantwortung. Wir müssen sie verändert haben, sonst haben wir überhaupt keine Wirkung hinterlassen und es ist genauso, als hätte es uns nicht gegeben; wir hätten dann ebenso gut irgendeiner anderen Tradition angehören können. Das wäre also die Antwort, die ich geben möchte: Wie können wir einen Durchbruch erzielen und unsere Religion wieder religiös machen? Indem wir fortwährend Doktrinen, Moral und Rituale zu unserer religiösen Erfahrung in Beziehung setzen.

Als nächstes fragten wir uns: Wie verhalten sich die Religionen zueinander? Jede religiöse Tradition beginnt mit religiöser Erfahrung – und ich möchte gar nicht so sehr die Erfahrung betonen: Es kommt auf das religiöse Bewusstsein an, aber das kommt manchmal in einer dieser überwältigenden Erfahrungen zum Ausdruck – jede religiöse Tradition beginnt also mit einer tiefen religiösen Bewusstwerdung, die in Doktrin, Moral und Ritual mündet. Und Doktrin, Moral und Ritual haben keine andere Aufgabe, als wieder zu dieser religiösen Erfahrung hinzuführen. Alle religiösen Traditionen, an die wir denken mögen, entspringen religiöser Erfahrung und haben nur eine Aufgabe – uns zu religiöser Erfahrung hinzuführen. Das ist alles. Es besteht also eine ziemlich starke Verbindung zwischen ihnen allen, und je verschiedener sie sind, desto besser, desto mehr sollten wir uns darüber freuen, denn umso mehr Möglichkeiten gibt es für verschiedene Menschen, das zu finden, was ihnen hilft, sich für diese religiöse Erfahrung zu öffnen und sie wirklich zu finden.

Und schließlich Religion und Wissenschaft. Das Gipfelerlebnis bringt uns in Kontakt mit der Wirklichkeit, wenn wir es zulassen. Das deutsche Wort »Wirklichkeit« ist übrigens viel treffender als das Wort »Realität«. Realität lässt an Dinge denken [lat. *res* = Sache; Anm. d. Hrsg.], »Wirklichkeit« dagegen an Aktion, die auf uns einwirkt. Wenn wir ihr also gestatten, auf uns einzuwirken, und wenn wir mitwirken, mit ihr zusammenwirken, dann wird uns das weiterbringen.

Unser Begriff des Realen entspringt, wie Maslow ziemlich überzeugend gezeigt hat, dem Gipfelerlebnis. Realität kommt nicht von außen, wenigstens nicht in erster Linie. Der philosophische Begriff von Realität, von dem, was in uns »wirkt«, von der »Wirklichkeit«, die unser Wesen ausmacht, entstammt dem Gipfelerlebnis. Wir erkennen die Realität zwar auch in anderer Weise, aber nur das Gipfelerlebnis »bestätigt sich selbst«, wie Maslow sagt *(is selfvalidating)*. Es ist widersinnig, die Realität des Gipfelerlebnisses durch etwas anderes beweisen zu wollen, denn was es heißt, »wirklich« zu sein, wissen wir von eben diesem Gipfelerlebnis. Man kann nicht fragen: Ist es wirklich? Denn der Begriff »wirklich« selbst beruht ja auf dieser Erfahrung. Die Wissenschaft befasst sich natürlich auch mit der Realität, auf einer anderen Ebene und unter anderen Aspekten. Tatsächlich gibt es nicht verschiedene Realitäten, es gibt nur eine Realität, und in der bewegen wir uns. Das ist praktisch das Ergebnis dessen, was hier alle Referenten sagen. So lange die Religion eine Sache des Erforschens bleibt – wir können sie uns nicht ein für allemal aneignen und dann daran festhalten; sie ist ein Prozess fortwährenden Erkundens – so lange spielt die Wissenschaft in diesem Prozess des Forschens eine wichtige Rolle. Sie ist einfach ein Teil und ein besonderer Aspekt dieser Erkundung. Sie wird die Religion beeinflussen, und die Religion wird ihrerseits die Wissenschaft beeinflussen.

Wenn wir das akzeptieren können, und ich hoffe, dass Sie meinen Antworten auf diese drei Fragen wenigstens teilweise zustimmen, dann hat es, wie ich meine, doch einige Bedeutung für das, worüber wir hier gesprochen haben.

NACHWORT
ERHARD DOUBRAWA[1]

Seit nunmehr dreißig Jahren bin ich als Herausgeber psychologischer Schriften tätig. Die von mir herausgegeben Bücher haben immer auch mit meinem eigenen Weg zu tun – mit dem professionellen wie mit dem spirituellen. So ist es auch mit diesem kleinen Buch: Mit ihm verbinden mich fünfunddreißig Jahre meines Lebens.
Ich hatte mein Studium der katholischen Theologie Mitte der 1970er an der Päpstlichen Fakultät der Katholischen Theologischen Hochschule Fulda begonnen, einer überaus konservativen Hochschule, an der es viel um die rechte Lehre, die Orthodoxie, ging. Ende der 1970er Jahre wechselte ich an den Fachbereich Katholische

---

[1] Erhard Doubrawa, 1955, Gestalttherapeut, Gründer und Leiter der GIK Gestalt-Institute Köln und Kassel, wo er auch als Ausbilder tätig ist (www.gestalt.de) und Herausgeber der Online-Gestalttherapie-Zeitschrift »Gestaltkritik« (www.gestaltkritik.de). In seinen privaten Praxen in Köln und in Kassel (www.erhard-doubrawa.com) arbeitet er mit Einzelnen, Paaren und Gruppen – auch als Supervisor und Coach. Außerdem ediert er eine Buchreihe der Edition GIK / gikPRESS zur Theorie und Praxis der Gestalttherapie (www.gikpress.de). Buchveröffentlichungen von Erhard Doubrawa u. a. *Die Seele berühren: Erzählte Gestalttherapie*, sowie (gemeinsam mit Stefan Blankertz) *Einladung zur Gestalttherapie: Eine Einführung mit Beispielen* und *Lexikon der Gestalttherapie*.

Theologie der Westfälischen Wilhelms-Universität in Münster – einer weltoffeneren und fortschrittlicheren Hochschule. Ich studierte u. a. beim Politischen Theologen Johann Baptist Metz und seinen Schüler*innen.

Auf drei Säulen ruhte das Studium für uns damals: Theologie, Politik und Psychologie. Christlichen Glauben verbanden wir mit »Orthopraxie«, mit der rechten Lebensweise. Diesem Verständnis nach verlangte der christliche Glauben nach einem befreienden politischen Engagement. Viele uns waren politisch aktiv, meist in linken gesellschaftskritischen Gruppen. Ich selbst wurde im Zuge eines längeren Industriepraktikums in der Produktion eines Stahlwerks Gewerkschaftsmitglied. Mir war klar, ein befreiendes politisches Engagement dürfe nicht vor der Institution Kirche halt machen.

Die katholische Kirche war in dieser Zeit aber dabei, alle Öffnungen und Veränderungen wieder rückgängig zu machen, die das Zweite Vatikanische Konzil ermöglicht hatte. Die Befreiungstheolog*innen Lateinamerikas, die regelmäßig an unserem Fachbereich in Münster zu Gast waren, bekamen diese Entwicklung dann bald am eigenen Leib zu spüren: Es gab Maßregelungen durch die Glaubenskongregation der Katholischen Kirche in Rom (der Nachfolgeorganisation der Inquisition), gar Predigtverbote, Publikationsverbote.

Mitte der 1980er Jahre fiel mir das von Rainer Kakuska herausgegebene Buch »Andere Wirklichkeiten« in die Hände, in dem u. a. ein Vortrag von Bruder David Steindl-Rast abgedruckt war.[1] Darin verwies dieser auf bahnbrechende Entdeckungen von Abraham H. Maslow, der herausgefunden hatte, dass seelisch gesunde Menschen von eigenen mystischen Erfahrungen geprägt sind (später sagte er vorsichtiger »Gipfelerlebnisse«): Momente der Aufhebung des Getrenntseins von dem, was ist; Momente des Einsseins mit der Welt; Momente der Verbundenheit und Zugehörigkeit; Momente, die sie mit tiefer Berührung und Ehrfurcht zurückließen.

Wir politischen Theolog*innen waren überzeugt, dass Mystik und Politik der Nachfolge zusammen gehörten. So interessierte mich damals vor allem, wie solche mystischen Erfahrungen der vertrockneten katholischen Theologie, einer starr gewordenen Liturgie und schließlich der verknöcherten Institution Kirche erneut Leben einhauchen könnten. Mystische Erfahrung steht immer am Anfang der Religion. Eine verknöcherte Institution kann jedoch meist keine beleben-

---

[1] David Steindl-Rast, *Die Religionen religiös machen.* Aus: Rainer Kakuska (Hg.), *Andere Wirklichkeiten: Die neue Konvergenz von Naturwissenschaften und spirituellen Traditionen,* München 1984, S. 193-204. Das Buch basiert auf einer Konferenz mit dem Titel »Andere Wirklichkeiten«, die vom 7. bis 11. September 1983 im Tiroler Ort Alpbach stattfand. Wiederveröffentlicht in diesem Buch mit freundlicher Genehmigung des Herausgebers Rainer Kakuska.

den mystischen Erfahrungen mehr ermöglichen bzw. zulassen. Mystik ist schließlich gefährlich für Institutionen und deren Vertreter*innen, die einen religiösen Alleinvertretungs- und Alleindeutungsanspruch haben. Aber gerade eine befreiende politische Praxis braucht belebende, nährende, kräftigende mystische Erfahrungen. Bruder David erhoffte sich von Maslows Forschungen, dass sie dazu beitragen würden, die Religionen wieder religiös zu machen – nicht nur die christliche, alle kennen diesen fortschreitenden Prozess der Institutionalisierung und dessen negative Folgen.

Mein beruflicher Weg verlief anders als erwartet. Nicht ein Seelsorger wurde ich, sondern *Seelen*sorger, nämlich Gestalttherapeut, schließlich dann auch Institutsleiter und Lehrer für Gestalttherapie. Die »Gestalttherapie« zeichnet sich durch ihre dialogische erfahrungsbezogene Arbeitsweise aus. Ich lehre die Klient*innen, Teilnehmer*innen und Supervisand*innen in den Aus- und Weiterbildungsgruppen Gewahrsein, Achtsamkeit, Präsenz. Nicht ich weiß, was für sie gut ist. Nein, es ist notwendig, dass sie es selbst herausfinden, selbst entdecken – ich bin nur ihr Begleiter und Entdeckungshelfer. Das, was in der Gestalttherapie heilend wirkt, das sind nicht neue Erklärungen oder Vorsätze, sondern neue Erfahrungen. Heilend wirken dabei vor allem existentielle Augenblicke, wie der amerikanische

Psychotherapeut Len Bergantino sie in seinem Buch »Warum heilt Psychotherapie?«[1] nennt: Lebensstiftende Momente, die echtes Leben, nicht einfach nur »überleben« bedeuten. Bergantino beschreibt existentielle Augenblicke als Begegnung von Wesen zu Wesen, als zeitweise Überwindung der Rollen, als heilende Berührung, die tiefe Gefühle auslöst – und zwar sowohl bei den Klient*innen als auch bei den Therapeut*innen. Häufig ist das mit Tränen der Rührung verbunden und nicht selten übrigens auch mit einer gleichsam existentiellen Scham, die zeigt, wie nah wir dann unserem Wesen sind, unserer Mitte, unserer Seele.

Len Bergantino weist in diesem Zusammenhang darauf hin, dass existentiellen Augenblicken eine spirituelle Dimension eigen ist. So schloss sich für mich der Kreis: Die existentiellen Momente, die ich in zahlreichen therapeutischen Prozessen mit Einzelnen, Paaren und in Gruppen erfahren habe – erinnerten mich an den erwähnten Vortrag von Bruder David Steindl-Rast und an die von Maslow ent-deckten mystischen Erfahrungen. Ja, auch Dialogische Gestalttherapie kennt solche mystischen Erfahrungen. Sie zeichnen sich durch eine besondere Dichte aus, die dann im (Therapie-) Raume ist, zwischen Klient*innen und Therapeut*innen, oder in Therapiegruppen

[1] Len Bergantino, *Warum heilt Psychotherapie? Der existentielle Augenblick* (1986), Köln 1992.

zwischen allen, die dort zusammengefunden haben.

Ich suchte das Buch mit seinem Vortrag wieder und fand es nicht mehr in meiner Bibliothek, die bei so manchem Umzug geschrumpft war. Ich erwarb es dann schließlich antiquarisch. Beim Wieder-Lesen war ich dann genauso ergriffen wie beim ersten Mal fast 30 Jahre vorher.

Drum wollte ich mehr von Abraham Maslows Forschungsergebnissen wissen, musste dann jedoch überrascht feststellen, dass von dem maßgeblichen Denker und Inspirator der dritten Kraft der Psychotherapie – der Humanistischen Psychologie – nur wenig ins Deutsche übersetzt worden war.

Wenn ich im Internet etwas von und über Maslow fand, dann vor allem die von ihm entwickelte Bedürfnispyramide – und zwar fast nur den ersten Entwurf: Die Bedürfnispyramide mit dem Bedürfnis nach Selbstverwirklichung des Individuums an der Spitze. Nicht aber die nach seinen späteren Forschungen modifizierte, wo er das Bedürfnis nach Selbstüberschreitung, nach Transzendenz an die Spitze der Pyramide einfügte – über das Bedürfnis nach Selbstverwirklichung.[1]

Und wenn ich im Internet überhaupt etwas über

---

1 Rühmliche Ausnahme dabei ist das Stichwort *Maslowsche Bedürfnishierarchie* bei Wikipedia, das deren Weiterentwicklung differenziert darstellt: de.wikipedia.org/wiki/Maslowsche_Bedürfnishierarchie (abgerufen am 31.11.2020).

Gipfelerlebnisse fand, dann waren es meist »nur«
Maslow-Zitate aus Bruder Davids in diesem Buch
wiederveröffentlichten Vortrag – manchmal sogar wörtliche Übernahmen von weiteren Teilen
seines Vortrag, ohne dass sie als Zitate gekenn-
zeichnet waren. Man hatte also »munter« bei
ihm abgeschrieben, ohne die Quelle zu würdigen.
Ich freue mich sehr, dass ich Abraham H. Maslows bahnbrechenden Entdeckungen zu den
»Peak Experiences«, den »Gipfelerlebnissen« auf
diesem Wege der deutschen Leserschaft zugänglich machen kann – und das zusammen mit dem
Beitrag des Menschen, der mich Mitte der
1980er Jahre auf die Fährte dazu gesetzt hat –
Bruder David Steindl-Rast, Benediktiner und
Psychologe. Ihm danke ich von Herzen für seine
spontane Zustimmung zu diesem Buchprojekt.
Und ebenso herzlich danke ich Rainer Kakuska,
dem Herausgeber des Buches »Andere Wirklichkeiten«, für seine freundliche Genehmigung der
Wiederveröffentlichung dieses wichtigen Bei-
trags.
Und so lege ich dieses Buch in Ihre Hände, liebe
Leserinnen und Leser. Sehr froh wäre ich, wenn
es in zweierlei Hinsicht als Ermutigung dienen
könnte: Einmal für Seelsorger*innen, die beitragen möchten, dass Menschen mystische Erfahrungen machen können. Zum anderen für Bera-
ter*innen und Therapeut*innen – dass sie mystische Erfahrungen zumindest nicht verhindern.

Ob solche Gipfelerlebnisse von unserem Gegenüber überhaupt ausgesprochen werden können,
hängt stark von unserer eigenen Haltung solchen
Erfahrungen gegenüber ab, sei es nun die als Seelsorger (z. B. in der Kirche) oder als »Seelen-
sorger*innen« (z. B. in Beratung, Therapie oder
Coaching). Wenn wir diese Erfahrungen achten,
freundlich begrüßen und zugewandt betrachten
können, dann können unsere Gemeindeglieder
oder unsere Klienten*innen diese auch berichten.
Und schließlich: Inzwischen hege ich viel Zunei-
gung für Menschen, die als Haupt- oder Ehren-
amtler*innen in den Kirchen arbeiten. Immer
wieder darf ich etwa durch Supervision oder Weiterbildung in den Dienst treten für Theolog*innen – in den Dienst des Therapeuten für den
Dienst der Theolog*innen. Auch das erfüllt mich
mit Dankbarkeit.

Erhard Doubrawa,
Gestalttherapeut
und Herausgeber der gikPRESS

ANHÄNGE

ANHANG 1
GIPFELERLEBNISSE IN DER LITERATUR
EIN BEISPIEL

In einem von Stanislav Grof Ende der 1980er Jahre herausgegebenen Buch über *Bewußtseinsentwicklung als Ausweg aus der globalen Krise* findet sich u. a. ein Beitrag des Benediktinermönchs und Psychologen David Steindl-Rast.[1]
Bruder David beschäftigt sich darin mit jenen Gipfelerlebnissen, die uns allen gemeinsam und durch die wir alle miteinander verbunden sind: »Unsere mystische Erfahrung ist der Punkt, an dem wir alle eins sind.« Er sieht in dieser Art von Erfahrung »den tiefsten Anker für die menschliche Solidarität«.
Für ihn sind Mystiker keine besonderen Menschen, sondern »jeder Mensch ist auf seine besondere Art ein Mystiker«. Er ermutigt uns, herauszufinden, welche besondere Art von Mystiker wir nun jeweils sind. Dazu lädt er uns ein, uns unserer Gipfelerlebnisse erinnernd bewusst zu

---

1 David Steindl-Rast, *Mystik als Grenze der Bewußtseinsevolution: Eine Betrachtung*, in Stanislav Grof (Hg.), *Die Chance der Menschheit: Bewußtseinsentwicklung, der Ausweg aus der globalen Krise*, München 1988: Kösel, S. 168-194.

werden: »Vergegenwärtigen Sie sich einen Augenblick, in dem Sie, wie sonst kaum, das Leben als sinnvoll empfanden, einen Augenblick, von dem Sie sagen würden: ›Für diese Erfahrung lohnt es sich zu leben‹.«

Um den Erinnerungsprozess anzuregen, zitiert er eine Stelle aus dem Theaterstück *Eines langen Tages Reise in die Nacht* von Eugene O'Neill,[1] die ich, Erhard Doubrawa, hier als Einladung an Sie, liebe Leserinnen und Leser, zusammengefasst weitergeben möchte.[2]

Der amerikanische Dramatiker irischer Abstammung und Literaturnobelpreispräger (1936) Eugene O'Neill (1888-1953) präsentiert in dem Stück, das er 1941-42 schreib, aber erst posthum 1956 veröffentlich wurde, einen Tag im Leben und Leiden der amerikanischen Familie Tyrone, die an den sozialen Zwängen und eigenen unerfüllten und verdrängten Träumen zerbricht. Die Stelle, die Bruder David fasziniert, ist eine Rede des kranken Sohnes Edmund, der dem geizigen Vater James, seiner morphiumsüchtige Mutter Mary und seinem trinkendem Bruder Jamie in

[1] Bruder David: »Man braucht das Stück oder die Handlung nicht zu kennen, um diese Stelle richtig zu verstehen. Einer der Hauptakteure, Edmund Tyrone, erzählt seinem Vater James von einem Erlebnis, das die oben angesprochene Erfahrung veranschaulicht. Edmund ist zu diesem Zeitpunkt leicht angetrunken, was ihm das Reden darüber erleichtert. Stellen Sie fest, ob das, was Edmund sagt, nicht etwas in Ihnen wachruft.«

[2] Deutsche Zitate nach: Eugen O'Neill, *Eines langen Tages Reise in die Nacht*, Stuttgart 1922: Reclam, S. 118f.

einer Art Hassliebe verbunden ist. Am Ende des
Stücks findet Edmund den Weg aus dem Teufels-
kreis der gegenseitigen Schuldzuweisungen.

Edmund erzählt von den »Höhepunkten seiner
Memoiren«; alle haben sie mit dem Meer zu tun.
So etwa als er Matrose war: »Vollmond! Der alte
Kahn macht vierzehn Knoten. Ich liege vorne
am Bugspriet, schau achtern aus, das Wasser
schäumt unter mir, und die Maste über mir tür-
men sich hoch auf mit ihren weißen Segeln im
Mondlicht.« Was nun folgt, ist die Beschreibung
eines Gipfelerlebnisses im Sinn von Maslow: »Ich
war wie trunken von all der Schönheit und dem
singenden Rhythmus des Ganzen. Für einen kurzen Augenblick verlor ich mich selbst – wirklich,
ich verlor mein Leben. Ich war befreit, war frei!
Ich löste mich auf in Meer, wurde weißes Segel
und fliegende Gischt, wurde Schönheit und
Rhythmus, Mondlicht und das Schiff und der
hohe mit Sternen übersäte, verschwimmende
Himmel. Ich gehörte, ohne Gegenwart und ohne
Zukunft, mit hinein in den Frieden und die Ein-
heit und in eine wilde Freude, in etwas, das
größer war als mein eigenes Leben, größer als
das Menschenleben überhaupt, ich gehörte zum
Leben selbst! Zu Gott, wenn du willst.«

Ein anderes Mal hat Edmund ein Gipfelerlebnis,
als er oben im Mastkorb Morgenwache hielt:
Diesmal lag die See ruhig und es gab nur »nur eine
träge Dünung und ein leise schläfriges Hin- und

Herrollen des Schiffes«: »Die Passagiere schlafen. Keiner von der Mannschaft zu sehen. Keine Menschenseele hörbar. Schwarzer Rauch kommt aus den Schornsteinen hinter mir und unter mir. Ich träume vor mich hin, ohne Ausschau zu halten. Ich bin allein. Fühle mich über allen und weit weg von allen. Belausche die Morgenröte, die wie ein farbiger Traum über Himmel und Meer, die miteinander schlafen, dahinzieht. Da setzte« das Gipfelerlebnis ein, »der Moment ekstatischer Freiheit«: »Der Frieden. Das Ende der ewigen Frage, der endliche Hafen, die Freude, zu einem Glanz und einer Erfüllung zu gehören«.

Gipfelerlebnisse stellten sich auch ein, wenn er ins Meer hinausschwamm oder allein an einem Strand lag: »Ich wurde die Sonne, wurde der heiße Sand, der grüne Seetang am Fels verankert, auf- und abschwingend mit Ebbe und Flut. Wie die Vision eines Heiligen vom Glück kam es über mich. Wie wenn eine unsichtbare Hand den Schleier weggezogen hätte von den Dingen. Für eine Sekunde sieht man – und wenn man das Geheimnis erkennt, ist man selbst das Geheimnis. Für einen Moment ist Sinn!«

Bitte lassen Sie, liebe Leserinnen und Leser, sich davon anregen, Ihre eigenen Gipfelerlebnisse zu erinnern. Raum für Ihre Notizen finden Sie auf den Seiten 90 bis 93 in diesem Buch.

ANHANG 2
GIPFELERLEBNISSE IN DER THERAPIE
EIN BEISPIEL[1]

Das Ziel der Gestalttherapie fasse ich gern als »sich wieder öffnen« zusammen: Wir mussten uns nämlich allzu oft verschließen. Aus Schutz und um zu überleben, haben wir uns abgeschirmt mit einer glatten, undurchsichtigen Oberfläche. Derart sind eingekapselte »Entzündungen« entstanden, Reste von früheren Verlusten und Verletzungen.
Gestalttherapie lädt uns ein, uns behutsam wieder zu öffnen, damit das, was der Heilung bedarf, an die Oberfläche treten und endlich abgeschlossen werden kann. Auf diese Weise können wir uns wieder für das Zwischenmenschliche öffnen, für den anderen, für das Du. Und so können schließlich wieder Begegnungen und Berührungen geschehen und Beziehungen und Bindungen eingegangen werden.

Ralf, ein Mittdreißiger, erschien an einem Sommertag vor vielen Jahren zum Vorgespräch in meiner Praxis. Eine frühere Teilnehmerin meiner Gruppen hatte ihm meine Telefonnummer

---

1 Zuerst erschienen in: Erhard Doubrawa, *Die Seele berühren: Erzählte Gestalttherapie* (2002), gikPRESS, Kassel 2018.

gegeben. Auf meine Frage, wie ich ihm weiterhelfen könne, schwieg er zunächst. Dann sagte er: »Ich weiß nicht, was ich will.« Auf Nachfrage beschrieb er, dass er überhaupt nicht wisse, was er gern esse. Dass er auch nicht wisse, mit wem und wie er seine Wochenenden verbringen wolle. Seine Frau sei für die Organisation seiner sozialen Kontakte zuständig. Er lebe fast ausschließlich für seine Arbeit. Er habe als Jurist eine Führungsposition in der Wirtschaft inne. Seine Stimme war monoton, während er berichtete. Langweilig. Leise. Die räumliche Entfernung zwischen uns schien riesig. Unser Kontakt war von der Sachlichkeit unseres Gespräches bestimmt. Keine Gefühlsäußerungen. Ich fragte ihn nach seinen augenblicklichen Empfindungen. Dass er nichts spüre, antwortete er. Ich jedoch wurde traurig. Spürte Schmerz und meine eigenen Tränen hinter meinen Lidern.

Eine sehr zähe und spröde Zeit folgte dem Vorgespräch. Nur kurz, ein einziges Mal in etwa zwölf Monaten, zeigte er Gefühle. Es war Rührung, die ihn überkam, als er von der Geburt seiner dritten Tochter vor zwei Jahren erzählte, bei der er dabei gewesen war. Er weinte in meiner Anwesenheit. Kurz. Unmittelbar darauf folgten Scham und Rückzug. Scham ist mir inzwischen eine vertraute Begleiterin in meinen Therapiesitzungen. Blitzschnell taucht sie auf, wenn wir – Klient*innen und Therapeut*innen – Neuland betreten.

Sie, liebe Leserinnen und Leser, werden dieses Phänomen kennen: Wenn Sie beispielsweise zum ersten Mal in einem neuen Urlaubsland essen gehen und noch nicht mit den dort herrschenden Sitten und Umgangsformen vertraut sind und deshalb schüchtern in der Hoffnung um sich blicken, durch Beobachtung Sicherheit zu bekommen. Ralf also hatte Neuland betreten. Für einen Augenblick spürte er Rührung, und in mir stieg Wärme für ihn auf.

Gut erinnere ich mich noch an den Druck, den ich als Therapeut empfand, wenn Ralf – unzufrieden über die kaum merklichen Veränderungen – den »Therapieerfolg« zu quantifizieren versuchte. Stichworte auf seinem Schreibblock notierend, wollte er »Fortschritt« erzwingen. Oft befürchtete ich, dass seine Ungeduld (wieder ein Gefühl!) die Oberhand gewinnen könnte, und er die Therapie abbrechen würde. Doch alles änderte sich, als er sich entschied, an einem meiner Workshops auf Kreta teilzunehmen.

Ich sehe das Bild noch klar und lebendig vor mir: Aufgeregt, ja aufgelöst erschien Ralf zur dritten Gruppensitzung. Es war am Vormittag. Er hatte in der Nacht kein Auge zugetan. Viel geweint. Weinte immer noch. Jung sah er dabei aus, wie ein Jugendlicher. Er habe entdeckt, dass er Mitgefühl habe, sagte er zwischen zwei heftigen Tränenwellen. »Dieses Gefühl habe ich schon seit Jahren nicht mehr empfunden. Zuletzt als Kind oder Jugendlicher. Ich kann den Schmerz der anderen Teilnehmer mitfühlen, als sei es mein eigener Schmerz.« Wieder musste er weinen. »Ich fühle mich so sehr verbunden. In Beziehung. In Kontakt. Dazugehörig. Und nicht mehr einsam.« Während seine Tränen wieder flossen, blickte ich – selbst auch mit Tränen in den Augen – in der Gruppe herum. Fast alle weinten mit ihm, waren mit ihm verbunden. Seelen berührten sich sanft.

Martin Buber – der jüdische Religionsphilosoph und wichtige geistige Vater der Gestalttherapie – hat die seelische Verbindung zwischen Menschen das »Zwischen« genannt. Dieses »Zwischen« ist mehr als nur die Summe der anwesenden Personen. Das »Zwischen« hat eine eher spirituelle Qualität. Gerade in Gruppen, in denen Menschen sich vorbehaltlos und angstfrei in »Ich-Du-Beziehungen« treffen, bekommt dieser Kontakt, diese Seelenbegegnung eine besonders heilende Kraft. Seit diesem Augenblick an jenem Morgen im Workshop auf Kreta hat sich Ralfs Leben grundlegend verändert. Einen Tag später sprach er von seiner Sehnsucht nach seiner Frau, seinen Töchtern und nach zuhause. Zurück in Deutschland fragte er telefonisch bei mir nach, ob er und seine Frau ab jetzt zusammen zur Therapie kommen könnten. Ich freute mich und sagte zu.

Es ist eine besondere Atmosphäre, die bisweilen in einer Therapiegruppe entsteht, wenn tiefe therapeutische Prozesse stattfinden. Eine besondere Dichte ist dann im Raum spürbar und eine besondere Nähe, als seien alle Anwesenden miteinander verbunden, als seien wir alle einander so nah, dass »kein Blatt Papier mehr dazwischen passen würde«.

Das sind therapeutische Prozesse, die ablaufen, ohne dass ich da etwas mache oder die Klient*innen da etwas machen. Vielmehr geschieht uns etwas. Etwas geschieht uns, das wir so nie und nimmer hätten »machen« können. Manche mögen es Zufall nennen – und in der Tat ist es etwas, was uns »zufällt«. Es ist mir dann, als würde etwas in diesen unseren Therapieraum hineinwirken, eine größere Gestalt, an der ich nichts »machen« darf. Meine Aufgabe als Therapeut ist es dann, das Feld offen zu halten, damit es seine Wirkung weiter entfalten kann.

Eine nahe Kollegin und Freundin, hat einen therapeutischen Prozess mit einer solchen Qualität, wie ich sie eben zu beschreiben versucht habe, in einer unserer Gestalt-Ausbildungsgruppen begleitet. Am Schluss hat sie das folgende formuliert: »Etwas musste dazukommen, das mehr ist als wir. Etwas musste zu unserem Tun hinzukommen – etwas, das wir nicht machen konnten. Ein großes Glück. Erhard würde es wohl ›Gnade‹ nennen.«

Das stimmt. Ich würde es »Gnade« nennen, heute wieder »Gnade« nennen. Denn ich habe die so häufig missbrauchte und geschändete religiöse Sprache nach meinem Theologiestudium für etliche Jahre gemieden. Die Auszubildenden an unserem Gestalt-Institut haben dann auf einmal begonnen, eine religiöse Sprache zu benutzen, als sie mit ihren ersten Übungsklient*innen zu arbeiten begannen. Sie nannten es eine »Gnade«, eine*n Klient*in therapeutisch begleiten zu dürfen. Dieses Wort »Gnade« klang so klar, so rein, wie ich es nur ganz selten vorher habe klingen hören. Derart haben die Trainees mir Mut gemacht, selbst auch wieder so zu sprechen.

ANHANG 3
RAUM FÜR EIGENE GIPFELERLEBNISSE

Liebe Leserinnen, liebe Leser, wenn Sie mir Ihre eigenen Gipfelerlebnisse mitteilen möchten, würde ich mich darüber sehr freuen:

> gikPRESS
> z. Hd. Erhard Doubrawa
> Hunrodstr. 11
> D-34131 Kassel
> erhard.doubrawa@gikpress.de

Vielleicht ergibt sich hieraus eine Online-Veröffentlichung oder evtl. sogar eine gedruckte – in die ich Ihre Zuschrift dann gerne (evtl. gekürzt) mit Nennung Ihres Vornamens und Ihres Alters aufnehmen möchte, falls Sie einverstanden sind. Bitte haben Sie Verständnis, dass wir dafür leider kein Honorar zahlen können.
Schon einmal vielen lieben Dank!

Ihr Erhard Doubrawa, Herausgeber

RAUM FÜR EIGENE GIPFELERLEBNISSE

RAUM FÜR EIGENE GIPFELERLEBNISSE

DISCLAIMER

Obwohl alle Anstrengungen unternommen wurden, um sicherzustellen, dass der Inhalt dieser Publikation sachlich korrekt ist, akzeptieren weder die Autoren noch der Herausgeber, und sie schließen hiermit ausdrücklich und im größtmöglichen, nach geltendem Recht zulässigen Umfang jede Haftung aus, die sich aus dem in diesem Artikel veröffentlichten Inhalt ergibt, einschließlich, aber nicht beschränkt auf Fehler, Auslassungen, Ungenauigkeiten in der ursprünglichen oder nachfolgenden Übersetzung oder für daraus entstehende Folgen. Nichts in diesem Hinweis schließt eine Haftung aus, die gesetzlich nicht ausgeschlossen werden kann. Genehmigte Produktinformationen sollten vor der Verschreibung der betreffenden Medikamente überprüft werden.

While every effort has been made to ensure that the contents of this publication are factually correct, neither the authors nor the publisher accepts, and they hereby expressly exclude to the fullest extent permissible under applicable law, any and all liability arising from the contents published in this publication, including, without limitation, from any errors, omissions, inaccuracies in original or following translation, or for any consequences arising therefrom. Nothing in this notice shall exclude liability which may not be excluded by law. Approved product information should be reviewed before prescribing.

GEORGIA VON SCHLIEFFEN

Georgia von Schlieffen illustrierte zwei Lyrik-Bände von Stefan Blankertz, *Ambrosius: Callinische Hymnen* und *Ruan Ji: Zustandsbeschreibungen*, sowie den Gedichtband *kleine gebete* von Paul Goodman, der in der gikPRESS erschienen ist.

»Seit meiner Studienzeit intensive Beschäftigung mit der Malerei. Jedoch ging ich erst einmal ganz andere Wege über ein Studium der Vergleichenden Religionswissenschaft und der Internationalen Beziehungen und einer mehrjährigen Tätigkeit in den Bereichen Projektmanagement und Flüchtlingsarbeit für mehrere Nichtregierungsorganisationen. 2010 nahm ich an Studienwochen bei Markus Lüpertz und Gotthard Graubner an der Reichenhaller Akademie teil. Ab 2011 studierte ich Malerei bei Professor Jerry Zeniuk, Akademie für Farbmalerei, Kunstakademie Bad Reichenhall, und derzeit bei Heribert C. Ottersbach.«

Die gikPRESS verwendet zur Umschlaggestaltung ihrer Bücher nahezu ausschließlich Arbeiten der Künstlerin.

Bitte besuchen Sie ihre Homepage: georgiavonschlieffen.de

Gestalttherapie

Workshops, Gruppen, Beratung, Aus- u. Weiterbildung
für Menschen mit professionellem Weiterbildungsinteresse und für alle, die persönliche Wachstumswünsche haben.
Veranstaltungsorte: Köln und Kassel

Programme und Termine bitte erfragen, oder informieren Sie sich auf **www.gestalt.de**

Gestaltkritik:
Die Zeitschrift für Gestalttherapie

www.gestaltkritik.de

Artikel, Archiv und die Programme der Gestalt-Institute Köln und Kassel (GIK)

gik Gestalt Institute Köln & Kassel
Dialogische Gestalttherapie

Gestalt-Institute Köln & Kassel (GIK)

Institutsleitung: Erhard Doubrawa
GIK Kassel ▪ Hunrodstr. 11 ▪ 34131 Kassel
Fon: 0800 - GESTALT bzw. 0800 - 4 37 82 58
eMail: gik@gestalt.de · www.gestalt.de

www.gestalt.de

Stefan Blankertz, **Gestalt begreifen: Ein Arbeitsbuch zur Theorie der Gestalttherapie**, 172 S., 19,80 €, eBook 12,99 €.

Stefan Blankertz, **Gestalttherapie Essentials: Das Wichtigste aus dem Grundlagenwerk der Gestalttherapie von Perls, Hefferline, Goodman**, 173 S., 19,80 €, eBook 12,99 €.

Stefan Blankertz und Erhard Doubrawa, **Lexikon der Gestalttherapie**, 347 S., 19,80 €, eBook 12,99 €.

Martin Buber, **Heilende chassidische Geschichten:** Martin Buber für Gestalttherapeutinnen und Gestalttherapeuten, ausgewählt und kommentiert von Cornelia Muth, 144 S., 16,80 €, eBook 10,99 €.

Victor Chu, **Neugeburt einer Familie:** Familienstellen in der Gestalttherapie, 359 S., 27,80 €, eBook 17,99 €.

Erhard Doubrawa, **Die Seele berühren:** Erzählte Gestalttherapie, 188 S., 15,80 €, eBook 9,99 €.

Erhard Doubrawa, **Touching the Soul in Gestalt Therapy**, Stories and more, 146 S., 16,80 €, eBook 9,99 €.

Erhard Doubrawa und Stefan Blankertz, **Einladung zur Gestalttherapie: Einführung mit Beispielen**, 130 S., 12,80 €, eBook 7,99 €.

Erhard Doubrawa und Frank-M. Staemmler (Hg.), **Heilende Beziehung:** Dialogische Gestalttherapie, 230 S., 22,80, eBook 14,99 €.

Paul Goodman, **Kleine Gebete**, nachgedichtet von Marie T. Martin und Stefan Blankertz, mit 12 Farbimpressionen von Georgia von Schlieffen, 156 S., Hardcover, 29,50 €.

Meister Eckhart: Heilende Texte, übersetzt, herausgegeben und kommentiert von Stefan Blankertz, 171 S., 17,80 €, eBook 11,99 €.

Peter Mortola, **Einführung in die Gestalttherapie mit Kindern u. Jugendlichen:** Das Praxisbuch zum Violet-Oaklander-Training, 262 S., 29,80 €, eBook 19,99 €.

Cornelia Muth, **Das Zwischen?!** Eine dialog-phänomeno-logische Perspektive, 76 S., 12,80 €, eBook 4,99 €.

Frederick S. Perls, **Was ist Gestalttherapie?**, hg. von Erhard Doubrawa, 161 S., 18,80 €, eBook 12,99 €.

Laura Perls im Gespräch mit Daniel Rosenblatt u. a., **Meine Wildnis ist die Seele des Anderen: Der Weg zur Gestalttherapie**, hg. von Erhard Doubrawa, 248 S., 23,80 €, eBook 15,99 €.

Erving und Miriam Polster, **Das Herz der Gestalttherapie:** Beiträge aus vier Jahrzehnten, 392 S., 25,80 €, eBook 14,99 €.

ɡikPRESS

Daniel Rosenblatt, **Gestalttherapie für alle Fälle:** Eine Anleitung zum selbstbestimmten Leben, 92 S. 12,80 €, eBook 7,99 €.

Daniel Rosenblatt, **Gestalttherapie für Einsteiger:** Eine Anleitung zur Selbstentdeckung, 250 S., 19,80 €, eBook 12,99 €.

Bruno M. Schleeger, **... und wo ist das Problem? ... Zen-Buddhismus und Gestalttherapie**, 428 S., 28,80, eBook 18,99 €.

Stephen Schoen, **Die Nähe zum Tod macht großzügig:** Ein Therapeut als Helfer im Hospiz, 104 S., 14,80 €, eBook 9,99 €.

Stephen Schoen, **Wenn Sonne Mond Zweifel hätten: Gestalttherapie als spirituelle Suche**, 118 S., 14,80 €, eBook 9,99 €.

Dorothee Sölle, **Die Hinreise: Zur religiösen Erfahrung**, 152 S., 15,80 €, eBook 9,99 €.

Frank-M. Staemmler u. Werner Bock, **Ganzheitliche Veränderung in der Gestalttherapie**, 150 S., 21,80 €, eBook 13,99 €.

Barry Stevens, **Don't Push the River: Gestalttherapie an ihren Wurzeln**, 260 S., 23,80 €, eBook 15,99 €.

Barry Stevens u. Carl Rogers (und andere), **Von Mensch zu Mensch: Möglichkeiten, sich und anderen zu begegnen**, 280 S., 23,80 €, eBook 15,99 €.

Gordon Wheeler, **Jenseits des Individualismus:** Für ein neues Verständnis von Selbst, Beziehung und Erfahrung, 348 S., 29,80 €, eBook 19,99 €.

Gordon Wheeler und Stephanie Backman (Hg.), **Gestalttherapie mit Paaren**, 371 S., 27,80 €, eBook 17,99 €.

Gestaltkritik: Die Zeitschrift für Gestalttherapie.
Jahrbücher 2013 und 2014. Je über 300 S.. Je 29,80 €.

Ausführliche Leseproben finden Sie auf unserer Internetseite www.gikpress.de – *Weitere Titel in Vorbereitung.*

gikPRESS

Erhard Doubrawa
Die Seele berühren
*Erzählte Gestalt-
therapie*
188 Seiten
15,80 €,
eBook 9,99 €

Erhard Doubrawa
arbeitet seit vielen
Jahren als
Gestalttherapeut. Er
ist Gründer und Leiter
der Gestalt-Institute
Köln u. Kassel (GIK),
wo er auch als
Ausbilder tätig ist.

In diesem Buch versammelt der Autor Geschichten, die er
vielfach in seiner Arbeit erzählt hat – einzelnen
Klientinnen und Klienten, in Workshops und Gruppen.
Sie haben schon oft dazu beigetragen, dass Menschen sich
wieder öffnen und so von anderen seelisch berühren lassen
konnten. Ein Klassiker der Gestalttherapie in einer
erheblich erweiterten Neuauflage.

Einen kurzen Abschnitt aus dieser Veröffentlichung finden
Sie im vorliegenden Buch ab Seite 83.

by gikPRESS · ISBN 978-3-75282558-9

Erhard Doubrawa
und Stefan Blankertz
**Einladung zur
Gestalttherapie:**
*Eine Einführung mit
Beispielen*
130 Seiten
12,80 €,
eBook 7,99 €

Dieses Buch bietet
eine leicht
verständliche
Einführung in die
Gestalttherapie; es
zeigt, wie
Gestalttherapie heilt
und für wen diese Therapieform gut ist. In einem
erzählenden, persönlichen Stil zeigen die Autoren, wie das
humanistische Menschenbild der Gestalttherapie ihre
Ziele bestimmt: Mündigkeit und seelisches Wachstum des
Klienten.
Zahlreiche Beispiele machen das Buch zu einer
anschaulichen Einstiegslektüre.
Ein Gestalt-Bestseller: Gesamtauflage über 40 000!

by gikPRESS · ISBN 978-3-7528-3897-8

Stefan Blankertz
und Erhard
Doubrawa
**Lexikon der
Gestalttherapie**
347 Seiten
19,80 €,
eBook 12,99 €

Das *Lexikon der
Gestalttherapie*
beschreibt in
übersichtlicher
und leicht
zugänglicher
Form die gestalt-
therapeutischen
Fachbegriffe
(u. a. Aggression, Deflektion, Introjektion, Konfluenz,
Kontakt, Projektion, Retroflektion, Selbst). Es stellt die
Ideen und das Leben der Begründer (Fritz Perls, Laura
Perls und Paul Goodman) sowie die Weiterentwicklung
der Gestalttherapie bis heute dar. Außerdem beleuchtet
es die vielfältigen Wurzeln der Gestalttherapie wie
Gestaltpsychologie, Psychoanalyse, Phänomenologie,
Existenzialismus, Holismus, Sigmund Freud, Wilhelm
Reich, Martin Buber usw.
Dieses Lexikon ist die erste lexikalisch-systematische
Aufarbeitung der Gestalttherapie und ein unverzichtbares
Hilfsmittel für jeden, der sich mit den Erkenntnissen
dieses Therapieansatzes beschäftigen möchte.

by gik PRESS · ISBN 978-3-7431-6244-0

DAS MAGAZIN

für Leser, die ihr eigenes Verhalten – und das ihrer
Mitmenschen – besser verstehen möchten und
Antworten suchen rund um die großen Themen

IHRES LEBENS

TESTABO:
3 HEFTE
NUR
15,– €

Praxisadressen

von Gestalttherapeutinnen und -therapeuten

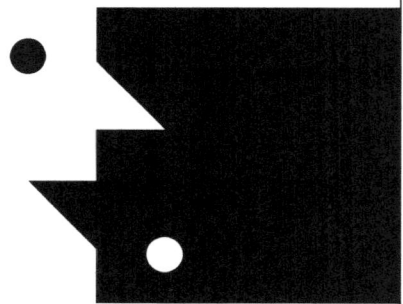

Liste nach Postleitzahlen und weitere Infos
...im Internet:

Außerdem: Spezial-Listen
- Gestalttherapie mit Kindern und Jugendlichen
- Supervision mit dem Gestaltansatz
- Gestalttherapie mit Paaren

www.therapeutenadressen.de
www.gestalttherapie.de

...**oder** für 1,55 € in Briefmarken:

**Therapeutenadressen Service
Ludwig-Erhard-Straße 8, 34131 Kassel**